El arte de crear deliberadamente

Gemma Comas

Nota a los lectores:

Esta publicación contiene las opiniones e ideas de su autor. Su intención es ofrecer material útil e información sobre el tema tratado. Las estrategias tratadas en este libro pueden no ser apropiadas para todos los individuos y no se garantiza que produzca algún resultado en particular. Este libro se vende bajo el supuesto que ni el autor ni el editor, ni la imprenta se dedican a prestar asesoría o servicios profesionales legales, financieros, de contaduría, psicología u otros. El lector deberá consultar a un profesional capacitado antes de adoptar las sugerencias de este libro. NO se da ninguna garantía respecto a la precisión o integridad de la información o referencias incluidas aquí, y tanto el autor como el editor y la imprenta y todas las partes implicadas en el diseño de portada y distribución, niegan específicamente cualquier responsabilidad por obligaciones, pérdidas o riesgos, personales o de otro tipo, en que se incurra como consecuencia, directa o indirecta, del uso y aplicación de cualquier contenido del libro.

Agradecimientos

A todas aquellas personas mágicas que se han cruzado en mi camino.

A todas aquellas personas que cultivan el gran arte de imaginar y crear en su mente una visión de algo mucho mejor.

A todas aquellas personas que no conocen la palabra "rendirse".

A todas aquellas que matan sus miedos y persiguen sus sueños.

Y en especial a ti, querido lector.

Miles de GRACIAS.

ÍNDICE

INTRODUCCIÓN

Vivimos en una sociedad basada en el miedo. Somos 7.6 billones de personas en el mundo y solo el 9% trabaja en lo que siempre soñó, el resto no se atreve a ir detrás de sus sueños a causa del miedo. Miedo a fracasar, miedo a no cumplir los requisitos, miedo a decepcionar a familiares y amigos, miedo a no poder lograr aquello que se quiere. El miedo es nuestra mayor programación y está detrás de cualquier acción y sobre todo, de cualquier inacción. El miedo es la epidemia de nuestra sociedad, es el gran paralizador y si se lo permites, te detendrá por completo.

Pero el miedo no es real, no es físico aunque lo sintamos en el cuerpo, solo existe en nuestra mente. Es tan poderoso que puede impedirnos hacer cosas para las que estamos totalmente capacitados. Empodérate, porque si le das permiso, matará todas tus expectativas y sueños.

Yo no sé cuál es tu sueño, aquel que has visualizado millones y millones de veces en tu mente, pero lo que sí te puedo decir es que si te comprometes con él, puedes alcanzarlo. Cuando aparcas el miedo a fracasar, el miedo al qué dirá la gente y el miedo a defraudar a alguien, esa posibilidad se vuelve real. Deja de negociar con tus sueños, deja de poner precio a tu vida y muévete hacia ellos.

La ley de la atracción dice: «Tú atraes lo que piensas y lo que sientes, solo tienes que decidir el qué, porque si lo puedes ver en tu mente, lo puedes tener en tu mano». La visualización funciona si trabajas duro por tus objetivos. Cuando tienes claro lo que quieres en tu vida, tienes que ir a por todas. La vida te va a bloquear el camino, te pondrá pruebas para que abandones tus sueños, para ver el nivel de compromiso que tienes, ¿pero sabes qué? Cuando tu sueño acapara toda tu atención, tienes que seguir hasta el final. Porque tienes la posibilidad de que se haga real y eso, únicamente depende de ti. Nadie dijo que sería un camino de rosas...la vida te hará dudar, te hará caer. Cáete diez veces y levántate trece, pero no dejes de perseguir tus metas. Nadie dijo que fuera fácil. Si lo fuera no existirían todas aquellas personas a las que tanto admiras.

¿Cuántas veces te han rechazado?, ¿cuántas veces te han hecho creer que no eras lo suficientemente bueno? «No cumples con los requisitos que precisamos», «Eres demasiado mayor », «Eres demasiado bajo», «No encajas en el perfil que estamos buscando», «Ya es tarde para ti». Esas son sus opiniones, su mentalidad, no la tuya.

Párate un momento y piensa: puedes elegir vivir tus sueños o tu programación. Puedes elegir vivir una vida que te haga feliz o una vida resignada. Este poder está en ti, en nadie más. Tú eliges. La mayoría de las personas vive una vida que no desea, la mayoría de las personas viven sus miedos. Detente, reflexiona, comete errores, cáete para volver a levantarte las veces que hagan falta, pero no abandones tus sueños.

¿Quieres cambiar tu vida? Te invito en que inviertas en ti mismo, en que te conozcas profundamente, en que muevas la balanza. Rodéate de gente imparable, irracional, gente que quiera más; personas que te reten, que te hagan crecer y que saquen de ti tu mejor versión. Cuando recuperas tu autenticidad y descubres para qué fuiste diseñado en este mundo, empiezas a brillar. Te reto a que llegues al punto en que no te importe lo que los demás piensen de ti, en que no te importe caer bien a la gente, porque has hecho un pacto contigo mismo para poder llevar tu vida a un siguiente nivel. Te reto a que persigas tu sueño, a que no dejes que nadie te lo robe, porque es mejor morir intentando una y otra vez que vivir muriendo. Así que protege tu sueño porque la mayoría se olvida de él.

¿Es esto lo que quieres? ¿quieres vivir tus sueños? ¿estás seguro? Estás a solo un pensamiento de cambiar tu vida, estás solo a una decisión para empezar el camino hacia tus sueños, todo depende de ti y estoy segura de que lo harás.

Bienvenido.

EL ARTE DE CREAR DELIBERADAMENTE

Una vez escuché a una chica contar una inspiradora historia... Había participado en un concurso de murales que se realizaba en su barrio y un tiempo después se presentó en la puerta de su casa un perrito muy peculiar. Era un perro pequeño, blanco y moteado con manchas color café y se comportaba de manera muy cariñosa con toda la familia. Llegó la noche y el perrito no mostraba intención alguna de irse, como si no tuviera casa. Lo dejaron en la calle pero a la mañana siguiente allí volvía a estar. La escena se repitió muchos días después hasta que se encariñaron con él y decidieron quedárselo. La puerta de entrada a la casa era grande y de cristal y el perro empezó a esperar a sus nuevos dueños humanos detrás de esta, cuando les oía llegar. Un día, mientras la chica estaba buscando las llaves para abrir la puerta se fijó en cómo el perrito la miraba a través del cristal. En aquel mismo momento, un grito salió de su garganta. Acababa de tomar consciencia de que ya había visto esa imagen, es más, de que había dibujado esa imagen en el concurso de su barrio. Acababa de darse cuenta de que era la imagen que veía cada día en su ordenador, ya que puso la foto del mural como fondo de pantalla. Era la misma puerta y por supuesto, el mismo perro.

Esa es una de las muchas historias que nos confirman que incluso atraemos hacia nosotros a personas, cosas o circunstancias de manera inconsciente. El hecho de ver cada día aquella imagen, aunque no le prestara la más mínima atención, hizo que el perro exacto que ella había dibujado, llegara a su casa y se quedara para siempre.

El poder de la visualización es increíble. Hay varias formas de visualizar, en este caso aunque no se hiciera a nivel consciente, se había creado un panel visionario. En este libro vas a conocer todas las formas de visualización para poder atraer hacia ti lo que deseas.

¿Recuerdas todo el trabajo que hiciste en «La magia que duerme en ti»? ¿Recuerdas cuando te decía que atraemos aquello a lo que damos foco, aquello a lo que prestamos atención? Fíjate que en esta bonita historia no había una intención y aún así llegó. Imagina lo que puedes crear cuando aprendes las técnicas para visualizar de forma totalmente consciente y a dar foco e intención a lo que deseas.

Pero recuerda también que para poder lograr resultados, primero tiene que haber un trabajo interno en ti, eliminando toda la mentalidad que hasta el momento te ha privado de experimentar lo que has querido. En el famoso libro «El Secreto», de Rhonda Byrne, hay una parte en la que puedes descargarte un cheque para ponerlo a la vista. Este cheque lo pones a tu nombre y escribes la cantidad de dinero que deseas. Jim Carrey ha contado en varias ocasiones cómo rellenó un cheque a su nombre con el valor de 10 millones de dólares. Él en aquellos tiempos estaba empezando, pero tenía claro cuál era su propósito y que lo iba a lograr. Después de un tiempo viendo a diario el cheque con la cantidad impresa de 10 millones de dólares, lo llamaron por teléfono. Acababan de escogerlo para ser el protagonista de la película «Dos tontos muy tontos» y supongo que ya debes de saber cuanto dinero le pagaron para protagonizar el film. ¡Exactamente, 10 millones de dólares! Jim Carrey, como muchas otras personas famosas, son grandes ejemplos de cómo la ley de atracción y la visualización funcionan y constantemente hablan de ello.

Puede que estés pensando: «¿Es tan fácil? ¿Pongo un cheque con un valor X y va a llegarme esa cantidad de dinero?» No es tan sencillo... recuerda que lo primero que tienes que hacer es trabajar sobre el sentimiento de incoherencia. Si te levantas por la mañana y ves un cheque con un importe de, por ejemplo, un millón de euros a tu nombre, ¿Qué sentimiento tienes? ¿lo crees posible? En todo esto vamos a trabajar, aunque ya es un camino que empezaste cuando leíste *«La magia que duerme en ti»*.

Recuerda los principios universales...al igual que esta curiosa historia del perro, estoy totalmente segura de que en tu vida has experimentado vivencias parecidas. Pasa mucho más de lo que puedes imaginar, pero hay veces que no somos conscientes de ello.

En la historia que te he contado había una información subliminal, no una intención de atraer esa circunstancia. Pero ahora, párate a pensar: ¿cuántas informaciones subliminales tenemos en nuestro día a día? ¿Recuerdas cuando te decía que es sumamente importante decidir a nivel consciente qué información quieres que entre en tu vida y la que no? Todas las cosas negativas que nos llegan del exterior también tienen un efecto en nosotros: malas noticias, agresividad, catástrofes que recibimos a través de los medios de comunicación. Esto es algo que puedes remediar siendo más selectivo a la hora de dar cabida a las informaciones externas a ti y evitando rodearte de personas que frenan tu proceso.

Imagínate que quieres abrir un negocio y cada día estás viendo las noticias ¿no te va a ayudar, verdad? Busca formas de inspirarte, de aprender más sobre aquello que te interesa. Lee sobre temas que puedan aportarte, lee biografías de personas que lograron sus propósitos y que tienen algo que enseñarte. Cuando estás leyendo acerca de algo que te puede ayudar en tu desarrollo personal o a un nivel más material, estás dando foco a esa posibilidad.

Todas estas informaciones subliminales que dejamos entrar en nuestra mente acaban generando cambios en nuestras vidas. En realidad, a aquello a lo que más le tememos o a lo que más nos resistimos le estamos abriendo la puerta de par en par para que pase a formar parte de nuestra vida. Echa un vistazo a lo que ves y oyes cada día y escoge qué te beneficia y qué te perjudica. Toma consciencia y elige qué es lo que quieres que envuelva tu vida.

En cuanto a la influencia de los demás, muchas veces el entorno pesa más que la voluntad. Ahora ya sabes que rodearte de las personas indicadas es un paso vital y estoy segura de que con los cambios que ya has realizado, habrán llegado a tu vida personas nuevas, simplemente por el hecho de estar vibrando de forma diferente a como lo estabas haciendo.

Claro que siempre puedes encontrarte ante situaciones que no se pueden evitar. Cuando esto ocurra recuerda la estrategia chamánica: si estás con alguien y simplemente no puedes «huir» de ahí utiliza las frases: «Todo lo que diga X, no significa nada para mí», «Todo lo que X está haciendo o diciendo, no significa nada para mí». No dejes que el malestar de otras personas, cree malestar en ti.

Sé por experiencia que la desprogramación y la reprogramación son un trabajo arduo, pero ya has empezado y seguramente estás experimentando sus beneficios, así que seguramente irán apareciendo más cosas en el camino. No las dejes pasar, ponte en ellas de inmediato. Por suerte, nuestra mente está equipada con un radar perfecto, la atención selectiva. Cuando permaneces enfocado en las cosas que quieres y que son buenas para ti, cuando te sientes agradecido, feliz y dichoso, tu mente te hace centrarte en todas estas cosas, dejando muchas otras fuera de tu atención. Pero como estamos tan hiperestimulados, debemos poner mucha atención a lo que nos llega y decidir con qué nos quedamos. Recuerda que los momentos previos al sueño son sumamente importantes. Aunque tu vida en este momento esté girada del revés, no te enfoques en eso. Enfócate en cómo quieres reorganizarla. Cuando estés a punto de dormir, siéntete agradecido e imagina lo que quieres que venga a ti.

¿Te ha ocurrido alguna vez que te has ido a la cama pensando en algo en concreto y lo has soñado durante la noche? La fase REM del sueño es el momento en que se registra una mayor actividad mental. Es crucial que vayas a dormir con buenos pensamientos y sentimientos pues una tercera parte de tu día y de tu vida te la pasas durmiendo. Nuestra mente subconsciente está más cómoda cuando estamos inconscientes, cuando dormimos. En el libro de Job encontramos:

«En el sueño, en la visión nocturna, cuando un letargo cae sobre los hombres, mientras están dormidos en su lecho, entonces Él abre los oídos de los hombres y sella sus instrucciones».

Estos minutos previos al sueño, cuando estás entre despierto y dormido son vitales. La mayoría de las personas los utilizan para repasar su día. Como estamos programados para el drama, en lugar de destinar esos minutos a repasar las cosas que nos han sorprendido gratamente, que nos han arrancado una sonrisa, que nos han hecho sentir felices y agradecidos, puede que nos dediquemos a repasar aquello que no nos gusta, que nos ha hecho sentir mal y todo lo que no ha salido como esperábamos. Esto hace que nos enfoquemos en todas aquellas cosas que no queremos que pasen, llenando nuestra mente con ellas. Entonces vamos a dormir con todos esos pensamientos y el universo abre nuestros oídos y sella nuestras instrucciones.

Debemos invertir esta situación, ya que nuestra mente subconsciente está escuchando cómo le pedimos al universo justamente todas las cosas en las que estamos pensando en aquellos momentos. Cuando llenamos nuestra mente subconsciente con todas las cosas que no nos gustan, que no queremos y que nos preocupan, nuestra mente subconsciente, que es impersonal, es lo que pide. Recuerda que nuestra mente no puede distinguir si lo que estás sintiendo es resultado de lo que estás pensando, imaginando o de lo que realmente estás experimentando en tu vida. Debemos programar nuestra mente subconsciente con lo que queremos.

Estamos viviendo en un mundo basado en el miedo y la negatividad. Muchas personas creen que es mejor pensar en negativo por si las cosas no salen bien estar preparados para encajarlas. Pero ya sabes que cuando nos enfocamos en lo negativo, eso es lo que veremos aparecer en nuestra vida, así de simple. Tienes que aprender a vivir desde el amor y la confianza total, porque estas son las características de esa energía de la que todos formamos parte. Esa energía no conoce el miedo ni el malestar y siempre que nos desviamos de estos sentimientos ligados a ella es por decisión propia. ¿Verdad que si tuvieras una cantidad de dinero extra no lo gastarías en cosas que no te gustan? Pues lo mismo pasa con tu mente. Utilízala a tu favor, utilízala para llenar tu vida de cosas y circunstancias fantásticas que te hagan sentir mejor. Es ridículo pensar que dispones de un dinero y vas justamente a comprar una de las cosas más feas que has visto. Entonces ¿cómo estás haciendo lo mismo a nivel mental, día tras día? Empieza a enfocarte en todo lo que deseas, en tus sueños, y aleja tus pensamientos de todo aquello que temes y que bajo ninguna circunstancia querrías en tu vida.

Como verás al final del libro con la forma de atraer conscientemente a nuestra vida, la expresión «Yo soy» o «Yo estoy», son muy poderosas. Utiliza estas formas también cuando estés a punto de quedarte dormido. En lugar de pensar que estás enfermo, arruinado, solo, triste o mal, decide dormirte con pensamientos como: «Yo estoy sano», «Yo estoy bien», «Yo soy feliz», «Yo soy abundante», «Yo soy amado», «Yo soy afortunado».

Tenemos que evitar que nuestras instrucciones se sellen repasando todo lo mal que podamos estar. Cuando estás a punto de entrar en el estado inconsciente y repites esas afirmaciones, puede que estés pensando que te estás engañando. Deja de escuchar a tu mente consciente, deja de prestar atención a lo que tus sentidos puedan decirte o a lo que otras personas puedan comentarte. Aunque en aquellos momentos no estés bien, tu cuerpo te esté diciendo que siente dolor o que está cansado, no hagas caso a esa información y empieza a decirte lo contrario. Ese será el primer paso para cambiarlo. Entiende que cualquier cosa que quieras cambiar en ti o en tu vida empieza por poner esa idea en tu imaginación y repetirla. Es cuestión de practicarlo, de repetirlo. Sé que no es fácil sacar todas esas cosas que compraste y no te gustan de tu mente y la mayoría de personas no están comprometidas en hacer lo necesario, pero ya sabes que la responsabilidad de como está y seguirá tu vida, únicamente está en tu mente.

¿Cómo te sentirías si tu sueño ya se hubiera cumplido? Siéntelo un momento. Esta sensación y pensamientos deben ser los que ocupen constantemente tu mente, este es el secreto de la ley de atracción. Vibrar en la misma frecuencia de tu sueño ya cumplido. Esta es la sensación que tiene que monopolizar y captar tu atención mientras te relajas para dormir. El cómo esté tu vida actualmente no importa, deja de hacer caso a lo que te dicen tus sentidos y reafírmate en que a partir de hoy: «Yo soy una persona vital»", «Yo estoy sano», «Yo soy próspero», «Yo soy fuerte», «Yo soy capaz», «Yo soy valioso», «Yo estoy bien» porque esta es la forma en que lograrás atraerlo a tu vida. Tienes que tener la capacidad para poder ver el final, para poder ver y sentir tu sueño ya cumplido, experimentar en tu cuerpo esa sensación y hablar de las cosas que aún no existen como si ya formaran parte de tu vida.

Todo lo que quieras crear en tu vida, primero tiene que ser imaginado y tu imaginación es tuya y de nadie más. Todo lo que existe, fue primero creado en la mente de alguien. La capacidad de imaginar es nuestro más preciado tesoro. Todo, absolutamente todo, nace de una idea. Contempla tu capacidad de imaginación como si de un gran pintor se tratara. Un pintor que plasma sus obras en unos bonitos lienzos. Tú le pides a este fabuloso pintor que plasme todo lo que deseas que acontezca en tu vida y él con sus pinceles reproduce exactamente la imagen que tú le detallas. La forma que tienes de comunicarte con ese pintor es a través de tus pensamientos y sobre todo de tu forma de sentir, de las sensaciones que experimentas en tu cuerpo a raíz de esos pensamientos.

Al igual que en el ejemplo que ponía de que no comprarías cosas que no te gustan en absoluto para tu vida, deja de imaginar todo aquello que no quieres experimentar en tu vida, deja de dirigir tu preciada energía en dar fuerza a todo aquello que temes o que quieres evitar. Porque cuando diriges tu atención y tu energía hacia aquello, le estás pidiendo al pintor que te haga un enorme lienzo con ello.

«Todo lo que ahora existe fue una vez imaginado, de la misma forma que todo lo que aún no existe requiere de una imagen previa».

Cada sentimiento o sensación que experimentamos crea una impresión subconsciente, en nuestro cuerpo y en nuestra mente. Necesitamos entender nuestra mente subconsciente, ya que es ella la que realmente manda en nuestra vida. ¿Recuerdas lo que expliqué de que el 90% de todo lo que hacemos durante nuestro día, de todas las reacciones que tenemos, vienen determinados por nuestra programación subconsciente? Nuestra mente subconsciente siempre va responder con los archivos de información que posee. Todo el día estamos reaccionando a estímulos y estas reacciones se basan únicamente en nuestra programación subconsciente, en los archivos mentales de que disponemos. Prográmate para acercarte a lo que deseas, en lugar de para alejarte cada día más de ello. Ahora ya sabes cómo hacerlo. Repítete cada día: «Yo soy... y soy valioso», «Yo soy... y me merezco lo mejor», «Yo soy... y estoy sano», «Yo soy... y me amo completamente». Repítelo y siéntelo, porque tú eres eso.

Una afirmación se hace a nivel intelectual, pero cuando yo me digo: «Yo soy valiosa», «Yo soy capaz» y puedo sentirlo, estoy trabajando a otro nivel. Recuerda que nuestra mente subconsciente no puede distinguir entre lo que experimentamos en nuestra realidad o lo que hemos puesto en nuestra imaginación. Cuando afirmamos en presente, está afirmación es poderosa porque ya damos a entender que está presente en nosotros. Tiene más poder decir: «Yo estoy sano» que «Estaré sano».

El hecho de que nuestra mente subconsciente no pueda distinguir entre lo que experimentamos en realidad en nuestro día a día y lo que imaginamos, tiene su parte buena y su parte mala. Si aprovechas esa capacidad de tu mente para poder crear cosas positivas para ti, esta se va a convertir en tu herramienta más poderosa. Pero el problema es que, si no tienes consciencia de su poder puedes utilizarla en tu contra. Si vas por la vida sintiéndote frustrado, sintiéndote infeliz, estando amargado y enfadado con el mundo, tu mente subconsciente dirá: «ah, de acuerdo, eso es lo que quieres atraer a tu vida». Recuerda que es impersonal, no tiene capacidad para saber si lo que tú estás pensando y sintiendo es bueno o malo para ti. Esta mente subconsciente, colectiva, universal a la que todos estamos conectados, va a traer a tu vida precisamente aquello en lo que más centrado estás, aquello que te repites constantemente, todas aquellas cosas a las que te resistes. Te acercará a situaciones que te hagan sentir continuamente como te sientes ahora, te llevará experiencias para que continúes experimentando el mismo tipo de sentimientos. Nuestro cuerpo, cada una de nuestras células responde a lo que hemos sembrado en nuestras mentes, de la misma forma que nuestra mente subconsciente es impactada por las sensaciones que experimentamos, por lo que sentimos. Aquí nace la importancia de observar los sentimientos que se experimentan al hacer afirmaciones o cuando estamos visualizando, porque lo que atrae las cosas que deseamos o no deseamos es justamente la forma como nos sentimos.

Si cuando estás visualizando lo que deseas lograr o cambiar en tu vida aparece un sentimiento de incoherencia o de duda, lo que estás mandando es justamente esta información, por ello resulta fundamental crear una mentalidad acorde a lo que quieras lograr y aprender a disolver los sentimientos de duda e incoherencia. A la hora de hacer las afirmaciones y visualizaciones, estas tienen que ser vistas como aprendizajes. ¿Verdad que la primera vez que te sientas delante de un volante y tienes que centrarte en girar, frenar, cambiar de marcha y apretar el embrague te parece una locura? Te sientes incómodo, estás aprendiendo. Con las afirmaciones y visualizaciones pasa lo mismo, cuando empiezas, muchos sentimientos van a aparecer, tu mente te dirá que qué caray estás haciendo, dudarás, etc. Pero a medida de irlo repitiendo irás aprendiendo y lograrás crear la vibración adecuada y exacta de lo que deseas atraer a tu vida.

«Cuando puedes cambiar tus sensaciones, puedes cambiar tu destino».

Muchas veces estamos tan atareados e inmersos en nuestras rutinas que nos olvidamos de pensar. Como decía Henry Ford, pensar es el trabajo más difícil que existe. Puede que sea este el motivo por el cual tan pocas personas lo practican. Es importante que encuentres momentos para pensar, para poder enfocarte.

El mundo que perciben nuestros sentidos no es real, es solo el reflejo en el espejo. Recuerda que nuestro mundo interior crea nuestro mundo exterior. Nos movemos en dos mundos, el visible y el invisible. Tu trabajo, tus relaciones, tu salud forman parte del mundo visible, pero son el resultado de lo que se crea en el mundo invisible.

«La clave está donde se originan todos estos reflejos del mundo visible. El origen no se encuentra en este mismo plano, sino en el mundo invisible».

Todo lo que vemos en el mundo visible fue originado en el mundo invisible y siguiendo esta regla, para modificar cualquier cosa o circunstancia de tu mundo físico, debes hacerlo en su punto de origen, en el mundo invisible. Todo empieza con un pensamiento, con una idea. Nos movemos en estos dos mundos, el mundo externo (visible) y el mundo interno (invisible). El mundo interno es el plano mental, espiritual y emocional. Lo que vemos en el mundo externo, físico y visible es el resultado de nuestro mundo interno.

La famosa ley de la atracción es la ley natural que atrae a tu vida aquello a lo que dedicas más atención y energía, independientemente de que sea beneficioso o perjudicial para ti. Recuerda que donde esté tu mente, estás tú. Aquello a lo que prestas atención se expande. Son tus pensamientos dominantes los que actúan como imanes atrayendo a tu vida justamente lo que estás pensando.

¿Recuerdas el primer ejercicio que hiciste en «La magia que duerme en ti»? Efectivamente. Prestar atención a tus pensamientos dominantes. Fíjate en que podemos saber cuáles son los pensamientos dominantes de las personas observando su diálogo, prestando atención a las palabras que salen de su boca. Cuando hablas con alguien, al poco tiempo puedes saber como está su vida y cómo va a seguir, solo por su lenguaje. Por lo tanto, toda nuestra vida hasta este momento es un reflejo de nuestras creencias. Todos estos archivos tan celosamente guardados en nuestra mente subconsciente han sido los arquitectos de nuestra vida. Toda esta programación ha sido la encargada de crear una y otra vez el reflejo en nuestro mundo físico.

Recuerda que somos el observador, que creamos nuestra realidad, recuerda el experimento de la doble ranura que llevó de cabeza a los físicos. Nosotros somos el observador, tenemos la capacidad de crear la realidad, pero si el director de nuestra película personal está especializado en drama, esto es lo que vamos a ver.

Ya te has familiarizado con todas estas leyes, pero es importante que continúes abierto. Carl Sagan, popular astrónomo, astrofísico y uno de los más prestigiosos divulgadores científicos de nuestros tiempos, conocido por su serie de documentales Cosmos, se entrevistó con el Dalai Lama. Dentro del budismo, la reencarnación es un hecho y Carl Sagan le preguntó al Dalai Lama qué haría si le demostraran que la reencarnación es imposible, a lo que el Dalai

Lama respondió sonriendo: «Me quedaría maravillado y fascinado e iría inmediatamente al encuentro de mi pueblo para anunciarle que habíamos estado equivocados durante todos estos años». Guardó silenció durante un instante y después añadió: «¿Cómo hará para demostrarlo?».

El científico quedó tan sorprendido con la apertura mental del líder tibetano que no respondió. Y es que uno de los ejercicios que practican a diario los monjes tibetanos les ayuda precisamente a cuestionar sus propias ideas. Pero la mayoría de las personas teme revisar sus propias verdades personales, lo que comporta que sigan obteniendo siempre los mismos resultados.

«Hasta que no puedas cuestionarte todas las 'verdades', todas las ideas que un día acogiste como ciertas, no podrás iniciar un cambio profundo».

Abre tu mente, no tengas miedo de cuestionar todo aquello que te ha estado frenando todos estos años. Recuerda que la realidad no es más que una ilusión, aunque persistente. La realidad que experimentas en estos momentos está creada por tus creencias y tus focos de atención.

«El observador influye sobre la realidad, sobre el mundo visible».

Cuando hablamos de nuestro radar mental, de la atención selectiva, nuestro cerebro tiende a percibir más fácilmente aquellos elementos en los que está concentrado. La atención selectiva es la explicación a que cuando estás pensando en comprar un coche, no paras de ver ese modelo por todas partes o cuando estás pensando en tener un bebé no ves más que a mujeres embarazadas o padres con cochecitos. Y te preguntas: ¿Pero esto qué es? Antes no había tantos coches de este modelo o tantas embarazadas. Por supuesto que existían, lo que ocurría es que no eran importantes para ti y tu cerebro los había excluido de tu atención consciente. Existían, pero tú no los veías. Pero aparte de nuestro radar mental, sabemos que en el momento en que te focalizas en algo, existen realmente más de estas cosas a tu alrededor: las atraes. La explicación a este fenómeno es la acción del observador, provisto de una intención que provoca un cambio físico en la realidad. Lo que los físicos llaman un colapso de la función de onda.

EL PODER DE HACER QUE LAS COSAS, SUCEDAN EN TU VIDA

Piensa solo que existe la posibilidad real de crear lo que quieras. Ya sea teoría de estudiosos o reputados pensadores, de algunas religiones e incluso de una parte de la investigación científica, todos parecen sugerir que cada vez que observamos el mundo en un determinado nivel estamos creando un colapso de la función de onda. Un colapso que transformará una onda de infinitas posibilidades en algo concreto y real. Esto quiere decir que tú, el observador, influyes en la realidad.

Para las personas más escépticas se han realizado muchos experimentos que prueban esta afirmación una y otra vez. Particularmente útil es el resultado de una investigación de más de 20 años realizada por el *Princeton Engineering Anomalies Research*. Se trata de un estudio dentro del ámbito de la ciencia oficial que ha demostrado que la consciencia humana puede influir en los acontecimientos. Durante la investigación fueron realizados repetidos experimentos, en diversas modalidades, pero con un mismo fin: demostrar si la mente humana es capaz de influir en la realidad.

Uno de los experimentos consistía en situar a varias personas ante un generador de números aleatorios, máquinas que generan secuencias de 0 y 1 por azar. Se pidió a estas personas que trataran de influir en el generador con su intención para hacer aparecer más veces una determinada combinación en lugar de otras. Los resultados obtenidos en más de 20 años de investigación no solo han demostrado que cualquier persona podía modificar los acontecimientos de manera relevante desde el punto de vista estadístico, sino que además se demostró que ello ni siquiera dependía de la distancia. No era necesario que las personas se encontraran ante los objetos de estudio. Por lo tanto, el observador crea el colapso de la función de ondas en una determinada dirección. El observador crea la realidad. Recuerda que cada vez que piensas una cosa es como si estuvieras dando cita a un acontecimiento futuro.

«Ten cuidado con lo que piensas y dices porque ello podría transformarse en la profecía de tu vida».

San Francisco de Asís

Cuando estamos enfocando nuestra mente de forma consistente en una dirección, cuando tenemos una intención con una dirección clara esta afectará a la función de onda y nos traerá lo que estamos pidiendo, nos guste o no.

LA FUERZA DE NUESTROS PENSAMIENTOS, EL PODER DE LAS CREENCIAS

Si ahora improvisando te digo: «La vida es…» ¿Qué responderías? ¿Qué es lo primero que te ha venido a la mente? Maravillosa, hostil, divertida, dura, complicada, sorprendente, aburrida... Piensa que tu respuesta crea tu destino. A estas alturas ya sabes que un pensamiento es poderoso, es algo que, de alguna manera crea los acontecimientos de nuestra vida. Vamos a ver lo que ocurre. Imagínate que estás pasando una mala época...

1. Nuestros pensamientos están enviado una señal. Por ejemplo: Nada me sale bien y lo estoy pasando mal.

2. Se activa la atención selectiva. La atención selectiva se encargará de evidenciar todo aquello que confirma el pensamiento (lo estoy pasando mal), dándote más pruebas para reforzar este pensamiento. Tu radar mental estará programado para detectar y hacer conscientes y visibles más situaciones que te reafirmen que realmente lo estás pasando mal. Teniendo en cuenta que este pensamiento viene generado por un archivo mental, una creencia, este no es cuestionado y se autorefuerza.

3. Nuestras emociones activan frecuencias. Las emociones que se generan después de ver más situaciones que refuerzan tu creencia, que han sido evidenciadas por la activación de tu atención selectiva, hacen que el cerebro cree nuevas sinapsis, nuevas conexiones neuronales por emociones. Llegados a este punto, empezamos a vibrar de manera concreta provocando un colapso de función de onda.

4. El resultado final es que será atraído un acontecimiento acorde al pensamiento inicial y acorde a la frecuencia generada, proporcionando otro motivo para continuar estando o pasándolo mal.

Recuerda el principio de generación. Todo empieza cuando podemos unir alma y mente, lo masculino y lo femenino. Este dúo es el responsable de mandar la señal. La realidad responde cuando alma y mente se encuentran coherentemente alineados en la misma dirección. La realidad responde cuando pensamiento y emoción transmiten la misma señal.

Hace ya muchos años que se habla de la psiconeuroinmunología y cómo nuestros pensamientos y emociones afectan a nuestro cuerpo físico. El Dr. Glen Rein hizo un experimento para verificar si los efectos del pensamiento también eran palpables en sistemas biológicos situados fuera del cuerpo. Este doctor estudió durante años los efectos de la intención humana en el ADN. En un experimento que realizó en colaboración con el Institute Of Heartmath de California, colocó muestras de ADN en una probeta y después seleccionó tres grupos de personas: A las personas del grupo A les enseñó una técnica para poder tener intensas emociones de amor y gratitud. Mientras los participantes evocaban esas emociones, les hizo sostener las probetas con filamentos de ADN durante dos minutos, sin resultado alguno. Cuando analizó las muestras no se habían producido cambios apreciables. A las personas del grupo B, aparte de experimentar y evocar los sentimientos de amor y gratitud se les pidió que añadieran la intención capaz de determinar el arrollamiento o el despliegue del ADN. Este grupo de personas también mantuvieron en sus manos las probetas por un tiempo de 2 minutos. El resultado fue muy interesante, ya que la emoción e intención provocaron cambios en el ADN. En algunos casos el ADN fue arrollado o desplegado en un 25% en tan solo 2 minutos. A las personas del grupo C se les pidió que expresaran claramente la intención de modificar el ADN, pero sin evocar ninguna emoción. El único objetivo de este grupo era intentar influir solo con el pensamiento, con la intención, pero sin emoción vinculada. En este caso no hubo cambios tampoco en las muestras de ADN, como sucedió con las personas del grupo A.

Este experimento nos reafirma en el principio de generación y nos muestra que para que pueda haber cambios, mente y alma deben ir unidos. Pensamiento y emoción. Una intención sin emoción no nos sirve, del mismo modo que una emoción sin intención tampoco. El Dr. Rein demostró con este experimento que la asociación de estos dos elementos (pensamiento y emoción) parecía ser lo único capaz de hacer que las cosas sucedan, influenciando de manera cuantificable la realidad.

EL COMANDANTE DE TU VIDA, NO ES EL AZAR

El comandante de tu vida no es el azar. El comandante de tu vida es tu mente subconsciente, tus palabras, tus emociones y tus acciones. Ya sabes que el universo es mental y lo que tu piensas se manifiesta. Como decía San Pablo: «Somos transformados por la renovación de nuestras mentes». Tú eres el director de tu vida, el creador de tu destino, el escritor de tu novela. Ya llevas una parte de tu historia escrita, pero el bolígrafo está en tus manos, tú eres el que va a escribir el desenlace y el final.

Lo mejor de todo esto es que puedes empezar donde estás ahora si tu vida ha sido dura y desafiada; en tus manos está darle un giro total. Puedes romper tus barreras, deshacerte de todas esas creencias familiares y culturales que te han hecho frenar en lugar de acelerar. Puedes romper las cadenas que te han estado atando. Da igual en qué punto te encuentres o la edad que tengas. El cambio está en tus manos. Puede ser que en este momento tu mente te esté dando argumentos como: «No tengo la suficiente fuerza para hacerlo», «Ya no puedo», «No tengo suficiente dinero», «No tengo suficiente energía», «No tengo estudios», «No soy lo suficientemente inteligente»… No soy, no tengo, no puedo…cada vez que pronuncias estas palabras estás creando.

«Uno de mis primeros mantras chamánicos fue: «Yo soy..., yo quiero..., yo merezco...».

No hay nada escrito para ti, las páginas aún están en blanco y escribirás en ellas lo que tú elijas. Nada ni nadie puede decirte lo que puedes o no puedes hacer. Si puedes mantenerlo en tu mente y en tu corazón, será tuyo. Siéntete bien, sé feliz y agradecido. Aunque estés ahora mismo derrumbado o abatido, empieza a sentirte bien. Aunque sea una época difícil y llena de obstáculos, cuando empiezas a caminar hacia lo que quieres, automáticamente te sientes mejor. Mantén ese deseo en tu cabeza y en tu corazón y cuando tengas que tomar decisiones, observa si eso te hará más feliz. Si te hace sentir bien, si te acerca a tu propósito, guíate por tus emociones. Recuerda que hay una pregunta que todo guerrero debe hacerse: «¿Tiene corazón este camino?».

«Cuando estás feliz y agradecido estas emociones se expanden a través de ti. Cuando estás bien, contagias a quienes te rodean de buenas emociones».

Tienes que aprender a verte con lo que deseas. Todos los grandes libros de filosofía y los grandes líderes espirituales lo dicen. Cuando puedes verte realmente experimentando lo que deseas, ya empieza el proceso de atracción. Aprende a ser ya la persona que lo logró, aprende a sentir que ya está cumplido. Y recuerda que la repetición es la base de todo aprendizaje. Cuanto más te entrenes, más habilidad tendrás. Cuanto más lo repitas, mejor lo harás.

Has nacido para ser tu mejor versión, eres único e inimitable. Has nacido para ser lo mejor que puedas ser y todas las cosas que has vivido te han estado preparando para este momento. Eres el comandante de tu vida. En lugar de sentarte a pedirle al universo que cambie las circunstancias que no quieres en tu vida, olvídate de todo lo que te rodea y céntrate en evocar el sentimiento de que ya lo lograste. Concéntrate en el sentimiento de ser ya quien quieres ser y tu mundo exterior empezará a reflejar tu mundo interior.

*«**Conviértete en la persona que quieres ser, la persona que ya goza de todo lo que quieres experimentar y así suceder**á».*

«Debes sentirte a ti mismo en la meta y participando de ella. Y debes persistir en esa sensación a fin de lograrlo».

Neville Goddard

Lo que ves fuera es un espejo que refleja lo que llevas dentro. Empieza a crear reflejos maravillosos, siente intensamente en ti lo que quieres reflejar y no habrá otra opción. Porque si algo va mal fuera, es un indicador de que algo va mal dentro y de qué sentimiento está detrás esperando a ser cambiado. Y es que cuando tú cambias, todo cambia, nunca falla.

Cada sensación deja una marca subconsciente y a menos que sea contrarrestada con una sensación más poderosa totalmente opuesta, será expresada. Las sensaciones son diferentes a tus pensamientos, tus sensaciones son lo que experimentas en tu cuerpo y entre dos sensaciones la más dominante es la que será expresada. Siente profundamente lo que deseas como si ya estuvieras viviéndolo, gana a las viejas sensaciones de escasez, enfermedad, desamor y desánimo. Dale tanta fuera a las nuevas sensaciones que experimentas que simplemente hagan desaparecer a las otras.

Cuando creas en ti todas esas sensaciones intensas de que ya has logrado lo que querías, cuando eres capaz de crear en tu mente la imagen de lo que deseas experimentar en tu realidad, acompáñalo también del sentimiento de gratitud. Da las gracias por adelantado. La llave está en agradecer cuando pides como si ya lo tuvieras, ya que si pides lo que te falta, sin agradecer, atraerás más escasez de esto que estás pidiendo. Cuando puedes dar las gracias, creas el sentimiento de ya poseer. Activa tu gratitud porque es el camino más rápido para experimentar la magia en tu vida.

Lo único que se interpone entre tú y tus sueños es tu mente. La única razón por la que no avanzas hacia lo que quieres con certeza es la mentira que te cuentas una y otra vez. Las limitaciones que te pones para no tener que salir a jugar el partido de tu vida. El «No puedo», el «¿Quien soy yo para hacer esto?», el «Es demasiado tarde», el «¿Y si fracaso?». Deja de ponerte límites y ve a por tus sueños. Solo tienes que responder a esta pregunta: ¿Quieres vivir tus sueños o tus miedos? Deja de negociar tus sueños, deja de negociar el precio a pagar por ellos. Cuando estos son anhelos del alma no hay nada que pueda detenerte.

La vida nos pone obstáculos para hacernos crecer y para hacernos ver hasta dónde somos capaces de llegar. Muchas veces empiezas algo importante y parece que todo se complica. Lo primero que pasa por nuestra mente es cualquier excusa para seguir aplazándolo, para dejarlo. Recuerda algún momento en que te sucedió algo así. Siempre pasa. Te lanzas a la piscina después de pensarlo mucho y todo lo que te rodea empieza a complicarse. Son pruebas de fe. Cuando actúas a pesar de lo que esté pasando puedes saltar este obstáculo y demostrar que estás verdaderamente comprometido con tu sueño.

He oído muchas historias de personas que finalmente se deciden a dar un paso importante en sus vidas y justo el día en que se disponen a hacerlo pasa algo grave. Siempre ocurren estas cosas. Recuerdo que una vez leí una historia del actor estadounidense Kevin Costner. Explicaba que cuando aún no era conocido se dirigía en coche a un casting. En medio de la autopista su coche se detuvo y no hubo forma de poder arrancarlo. ¿Qué crees que hizo? Podía haberse quedado en el coche lamentándose o inventándose excusas. Se podría haber dicho cosas como: «Igual no me hubieran cogido» o «Si me ha pasado esto, es porque no me conviene ir a ese casting». Pero cuando persigues tus sueños, no puedes rendirte. Su alma sabía que tenía que llegar a esa prueba costara lo que costara. Así que dejó su coche en medio de la autopista y empezó a hacer autostop. Llegó al casting, realizó la prueba y por supuesto, lo cogieron. Las oportunidades no esperan, hay trenes que solo pasan una vez en la vida.

Por raro que parezca, cuando persigues tu sueño y las cosas no parecen ir bien es que estás en el buen camino. Muchas personas se desaniman y abandonan. Frenan, en lugar de apretar el acelerador, pero en vez de desistir y acabar aparcando a un lado, cuando tienes claro «**El Qué**», tienes que ir a por ello.

Walt Disney tuvo la visión de crear el primer parque de atracciones de la historia. Fue a 149 entidades financieras buscando apoyo económico para su proyecto y todos lo rechazaron. Lo miraban como si estuviera loco, le decían que era una pérdida de tiempo y dinero, que no iba a triunfar. Él no hizo caso y siguió con su visión. Después de haber sido rechazado por 149 bancos, el 150 ¡aceptó! Imagínate la fe y el compromiso de este hombre que después de 149 negativas aún seguía intentándolo. No se rindió, permaneció fiel a su proyecto, persiguió su sueño hasta que este lo encontró a él.

Contéstame a una pregunta: ¿Por qué no tienes lo que quieres aún? ¿Por qué no has logrado lo que deseas? Las grandes respuestas están dónde nunca miramos. Las respuestas no vienen de fuera, no vienen de las circunstancias o del entorno. Las respuestas siempre han estado y están dentro de ti. En tu mente. No a un nivel consciente, sino más profundo. La parte que no vemos del iceberg ¿recuerdas? El obstáculo es tu mente subconsciente.

Cuando hay una mala comunicación entre nuestra mente subconsciente y nuestra alma es cuando no avanzamos, cuando nos quedamos estancados y nuestra realidad va repitiéndose una y otra vez. Si hay algo que anhelas profundamente y aún no está en tu vida es porque tu alma y tu mente subconsciente hablan idiomas diferentes. Tu alma tiene claro qué es lo que desea, pero tu mente subconsciente la contradice. Para entendernos: tú quieres algo pero tu subconsciente no. «Quiero estar en forma pero me da pereza ir al gimnasio», «quiero perder diez quilos pero me encantan los postres», «quiero tener un trabajo con un gran sueldo pero no quiero responsabilidades», «quiero tener pareja pero quiero la misma libertad que tengo ahora», «quiero emprender un proyecto pero no quiero abandonar mi zona de confort». ¿Es de locos verdad? Tú quieres algo pero tu mente subconsciente desea lo contrario.

Nuestra alma es la mensajera entre nuestros dos mundos, el mundo visible y el invisible. Después de toda una vida de mensajes contradictorios, nuestra mente subconsciente ignora lo que quieres a nivel consciente y hace prevaler su mensaje.

Esta es la explicación del porqué no llega lo que deseas. Tu mente subconsciente va por libre y hace prevalecer su voz. Hasta que no llegamos a crear la unión almamente, en nuestro interior se produce una eterna disputa. A un lado del ring, lo que quieres de forma consciente y al otro, tu gran protectora con lo que considera mejor y más seguro para ti.

PROGRAMACIONES PROFUNDAS

Sabes que venimos profundamente programados y que esta programación subconsciente es la encargada de hacernos pensar, sentir y actuar de determinada forma. También acabas de conocer el motivo por el cual únicamente con la intención no logramos los objetivos que nos proponemos. Aunque tengas una meta clara y a nivel mental te dirijas a ella, si tu programación subconsciente no va de la mano con tu intención y no se logra evocar la emoción correcta vinculada, las informaciones serán contradictorias. Aunque nos repitamos mil veces un propósito, si nuestra programación subconsciente es contraria y crea en nosotros una emoción contraria a lo que deseamos, en lugar de acercarnos a nuestro objetivo, nos alejamos de él. El gran secreto es trabajar nuestra programación subconsciente, ya que ella es la responsable de atraer las cosas y situaciones a nuestras vidas.

Desde nuestra infancia venimos marcados con sentimientos muy profundos, con archivos mentales de mucho peso. Cuando tú eres el primer hijo y llega tu hermanito, tus padres ya no pueden dedicarte una atención exclusiva y puede ser que te sientas apartado, que creas que ya no eres tan importante para ellos. No tienes la capacidad para entender lo que está pasando, únicamente ha habido unos cambios que a ti te hacen experimentar una serie de sentimientos que hasta el momento desconocías. Puede ser que te alejes por no sentirte tan querido como antes. Puede ser que en un intento para recuperar la atención que antes tenías, empieces a hacer trastadas para llamar la atención de tus padres. Una atención diferente a la que deseas, pero atención.

Puede ser que en ese intento por llamar la atención de tus padres, en ese intento de demandar el amor que necesitas, te lleves regaños y castigos. Todos tenemos dañado a nuestro niño interior, ese niño que creó unos archivos subconscientes de mucho peso. Es importante sanar a nuestro niño interior desde el conocimiento y la madurez actual. Creo que nunca en mi vida he llorado tanto como cuando hice un trabajo intensivo durante un mes con mi niña interior. Y es que estamos muy dolidos, sea cual sea la experiencia que viviéramos. Puede que tú fueras el segundo hermano y que viendo lo maduro y responsable que era tu hermano mayor, optaras por ser todo lo contrario, puede que decidieras ser el rebelde de la familia con lo que ello comporta. Todos hemos sufrido de una forma u otra y eso pesa aún en nuestras vidas. En mi próximo libro trabajaremos la sanación interior y uno de los ejercicios es el de sanar a nuestro niño interior.

Fíjate en cuáles son los sentimientos más profundos que venimos arrastrando desde nuestra niñez: el sentimiento de abandono, de no ser merecedor, de no ser valioso, la vergüenza, la humillación... todos estos sentimientos que experimentamos en el pasado haciendo muchas veces malas interpretaciones, aún pesan en nosotros.

Yo fui una niña responsable y madura, era la mayor de tres hermanos. No recuerdo mucho que aconteció en mis primeros años de vida pero hace un tiempo descubrí que tenía un sentimiento que me limitaba totalmente. Cuando se le dice a un niño que es malo, esta etiqueta va a pesar muchos años en él. Me di cuenta de que durante muchos años era muy complaciente, me entregaba totalmente a los demás. Muchos años atrás había pensado que este comportamiento era causado por inseguridad o baja autoestima, pero estaba equivocada. El gran sentimiento que había detrás era el de demostrar que yo era buena, que yo no era «una niña mala».

Observa cuál puede ser el comentario más hiriente que puedas oír decir a una persona sobre ti. Esta será tu gran herida y esta se sana sanando al niño interior. Reflexiona acerca de esto porque es sumamente importante. Cuando tengas identificado ese antiguo archivo, empieza decretando justamente lo contrario. Recuerda que tú no eres eso, que simplemente lo aprendiste, que simplemente lo malinterpretaste y que puedes elegir siempre sentirte de otra manera. Es por este motivo que las primeras frases de poder que escribí en mi primer libro van totalmente dirigidas a las heridas de nuestro niño. «Yo soy valioso», «Yo me merezco lo mejor», «Me acepto tal como soy», «Me amo», «Yo soy maravilloso».

Fíjate cómo se arrastran estas heridas si no son sanadas. Seguramente has vivido momentos en que alguien reacciona de forma desproporcionada a un comentario. En esa respuesta desproporcionada estás viendo el ego de esa persona, el protector de su herida.Una vez conocí a un chico que tenía reacciones del estilo cuando le cuestionabas alguna cosa o simplemente le llevabas la contraria. Sin entrar en discusiones, de manera respetuosa le decías: «mira, yo no lo veo así». En aquel momento se transformaba y te daba mil argumentos para hacer prevalecer su opinión. Necesitaba tener la razón. Me fijé que esa situación se repetía muy a menudo y que la persona con la que conversaba tranquilamente se transformaba en un soldado a punto de entrar en batalla. Al cabo de un tiempo conocí la historia de su infancia. Me contó que su hermano mayor es muy carismático. Es una persona muy extrovertida y que enseguida cae bien a todo el mundo. Le encanta hablar y ser el centro de atención. Estos dos hermanos únicamente se llevan un año y medio y el mayor ya tenía todos esos dones cuando era pequeño. Siempre buscaba la atención de todos y por su forma de ser, la tenía. El hermano pequeño era más introvertido y tenía que luchar para que lo escucharan, cuando estaba hablando con sus padres siempre aparecía el mayor y lo interrumpía o simplemente le decía que aquello que contaba no era de ese modo. Todo lo que vivió esa persona en su infancia lo marcó profundamente.

Cuando lo conocí era una persona que necesitaba saberlo todo. Era un hombre muy inteligente pero necesitaba conocer todas las estadísticas y todos los pequeños detalles para sentirse seguro. Necesitaba demostrar a los demás todo lo que sabía, demostrar lo que valía y contar con su aprobación. Y justamente esa inseguridad es la que lo hacía ponerse a la defensiva cuando le comentaba que yo pensaba una cosa diferente. Si viviste un caso parecido: «Yo soy valioso», «No necesito la aprobación de los demás», «Soy inteligente y me merezco lo mejor», «Me amo y me acepto tal y como soy».

Así que para poder hacer una visualización poderosa, busca cuál es ese archivo que te bloquea. Recuerda ¿Cuál es el comentario acerca de ti que más te hiere? Respondiendo a esa pregunta ya sabrás cual es. No hace falta ahora que vayas atrás en el tiempo y recuerdes de cuándo y de dónde viene, simplemente cámbialo. Obsérvalo, recuerda que es algo que aprendiste o malinterpretaste y que tú no eres eso. Crea tu frase de poder contraria a ese archivo y la repites cuantas más veces mejor, sintiéndolo en tu corazón.

El sentimiento de no ser merecedor también viene de nuestra infancia y cuando tenemos que escoger entre la lógica o las emociones, las segundas tienen más peso. Para ilustrar este caso citaré la historia de un hombre que a pesar de tener un buen trabajo y muy bien remunerado, siempre estaba sin blanca. Este hombre en su infancia había vivido los problemas económicos de su familia. Había grabado en su mente las frases negativas que su madre repetía constantemente con respecto al dinero. Él había hecho la asociación de que el dinero es malo y hace sufrir a las personas y se comportaba en función de esa programación. Aunque ganaba mucho dinero llegaba a fin de mes en números rojos. La asociación que había creado de que el dinero era malo, era la responsable de que literalmente lograra deshacerse de él en un mes.

Aunque tu mente consciente te diga que necesitas dinero, con un archivo de este tipo, a nivel subconsciente, harás lo que sea para no tenerlo. De alguna forma, ese niño interior no quería defraudar a su madre. Este ejemplo te puede parecer una locura, pero es algo muy habitual. Cuando te has creído que no mereces nada bueno en tu vida, actúas de la misma forma que este hombre con el dinero. Al no sentirte merecedor estás alejando todas las cosas buenas que esperan por ti.

En la vida todo es dar y recibir, es el constante intercambio. Es fantástico dar y la sensación que te queda, pero aún es más importante aprender a recibir. Puede parecer que sea a la inversa, pero casi todos tenemos problemas en ser buenos receptores. Tenemos que aprender a recibir. El universo tiene un sinfín de cosas fantásticas para ti, el problema es que tus puertas están cerradas. Fíjate en algo tan simple como decirle a una persona que está muy guapa o que la ropa que lleva le sienta muy bien. ¿Sabes cuáles van a ser las respuestas más habituales? O negarlo o quitarle importancia. Las respuestas más frecuentes suelen ser: «¡Pero que dices, con la mala cara que tengo!», «¡Pues mira que hoy no he tenido mucho tiempo para arreglarme!», «¡Con estos pelos», «Uff esta ropa es más vieja…», «Mira, me he puesto lo primero que he encontrado»...

¿Qué tal si probamos con un GRACIAS? Es que no nos queremos lo suficiente.

Cuando una persona te da, recibe. Estamos hiperprogramados para ser unos malos receptores. ¿Cuántas personas no aceptan invitaciones de otras porque creen que lo hacen por compromiso?, ¿Cuántas personas rechazan tomar algo cuando van a visitar a alguien a su casa? ¿Cuántas personas rechazan cosas porque creen que es de mejor educación?

Observa si eres un buen o mal receptor y empieza a cambiar pequeñas cosas para hacer crecer tu recipiente. Cuando alguien te haga un cumplido de corazón, dale simplemente las gracias, no busques excusas para quitarte mérito o valor. Cuando te digan que estás fabuloso, responde con un: «¡Muchas gracias!».

Recuerdo ocasiones, cuando era niña, en las que íbamos a visitar a algún conocido de mis padres. Al entrar en la casa nos preguntaban si queríamos tomar algo. Cuando no había una relación muy próxima con mis padres, mi madre solía responder con un: «No, gracias, acabamos de comer», «No, no hace falta»... y yo le preguntaba siempre porque no aceptaba. Y es que a nivel subconsciente aprendemos a no aceptar, no aprendemos a recibir. Muchas veces cuando nos felicitan por alguna cosa que hemos logrado, automáticamente respondemos quitándonos mérito. Por lo general, no sabemos aceptar cumplidos hacia nuestro trabajo o hacia nuestra persona.

Al igual que el no sentirse merecedor, el castigo es otro de los grandes archivos. Cuando nuestros padres o profesores nos castigaban por alguna cosa que según su escala de valores no era correcto, también creamos archivos con estas referencias. El sentimiento de culpa y el castigo están muy presentes en nuestra sociedad. Muchas personas se autocastigan inconscientemente cuando creen que no han obrado bien. Como ya comenté, nosotros somos nuestros peores enemigos.

Voy a contarte la historia de una amiga mía. Años atrás siempre tendía a repetir los mismos patrones, los mismos problemas en las relaciones de pareja, aunque con diferentes caras. En unos quince años tuvo unas cuantas relaciones donde la siguiente era peor que la anterior. Es una mujer preciosa, alegre, inteligente, simpática, cariñosa, emprendedora y con un sentido del humor exquisito. Pero el mundo amoroso se le resistía, solo atraía a personas que la hacían sufrir y sentir pequeña. Muchas veces «aguantó» situaciones que no tenía por qué consentir. Todas las personas que estábamos alrededor no entendíamos como una mujer como ella, continuaba tolerando algunas situaciones y comportamientos en sus parejas. Llegó un punto en que tocó fondo y se dio cuenta de que había una herida profunda en su interior. Estuvo mucho tiempo sola y en esa soledad descubrió cuál era esa herida que le hacía repetir experiencias parecidas una y otra vez. No tenía un problema de autoestima, como bien se veía en todas las otras áreas de su vida, sino que se estaba castigando. Un día me contó todo lo que hacía muchos años vivió. Hacía ya 12 años que había roto con un chico maravilloso, habían empezado a salir juntos siendo muy jóvenes y ella en un momento vio que tenía que seguir otro camino. Los dos sufrieron mucho, ella sabía que el chico estuvo años esperando a que volviera y el sentimiento de culpa fue devastador para ella. A pesar de estar separados, ella lo quería mucho y aunque había pasado mucho tiempo no se perdonaba. El chico al cabo de unos años conoció a otra mujer y se casó. Me acuerdo que cuando me contaba esta historia le pregunté ¿y qué crees que te puede ayudar a perdonarte? Así que la animé a que fuera a hablar con el que había sido tantos años su pareja y le dijera todo lo que tenía que decirle. Y así lo hizo. De alguna forma, cuando hablaron y él le hizo saber cómo había estado y cómo se encontraba ahora, ella tuvo la capacidad de poder hacer las paces consigo misma.

La culpa es un sentimiento muy poderoso y nos lo han estado inculcando desde bien pequeños. Mírate profundamente a los ojos y perdónate, porque la culpa puede estar detrás de algo negativo que se repite en tu vida. Lo pasado ya pasó, seguramente ahora harías las cosas de otra manera, pero suelta lo que hiciste en su momento y perdónate de corazón.

TU ESCALA DE VALORES

¿Qué son los valores? Los valores son aquellos principios o virtudes que caracterizan a una persona, una acción u objeto y que se consideran típicamente positivos o de gran importancia. Los valores son aquellas cualidades que se destacan en cada individuo y que, a su vez, le impulsan a actuar de una u otra manera porque forman parte de sus creencias, determinan sus conductas y expresan sus intereses y sentimientos.

Muchas veces, sin embargo, sucede que las personas no tienen una idea clara de lo que es importante para ellas. No saben cuáles son sus valores. Vacilan en los temas que la vida les presenta, sin adoptar una posición clara para defender algo o a alguien.

Si tú o yo no tenemos claro lo que es más importante en nuestras vidas, no nos encontraremos con la capacidad de poder tomar decisiones efectivas.

Piensa que las personas más admiradas son las que han tenido y tienen unos valores claros y se aferran a ellos sin dudar. Personas que no solo predican sus criterios sino que son congruentes y viven de acuerdo a ellos. Todos respetamos a aquellas personas que defienden sus valores, que defienden firmemente aquello en lo que creen, aunque no estemos de acuerdo con sus ideas. Hay poder en las personas que llevan una vida coherente con sus valores, donde pensamientos y acciones son una misma cosa. Son personas con integridad.

Es vital que te des cuenta de que la dirección que sigue tu vida viene dada por la ruta que marcan tus valores. No te preocupes, porque vamos trabajar profundamente en tu escala y entenderás de esta forma las causas de tus decisiones y acciones. Cuando puedes vivir de acuerdo con tus valores es cuando realmente puedes sentirte feliz y realizado. Porque cuando no vivimos partiendo de ellos experimentamos dolor.

Como ya te explicaba en «*La magia que duerme en ti*», muchas personas buscan formas para evadirse, para evitar el dolor y la frustración que sienten en sus vidas. A veces desarrollan pautas que pueden ser dañinas, como beber, fumar, comer en exceso, tomar drogas, pasar horas delante del televisor o volverse adictos al trabajo (un trabajo que no las llena). Estos comportamientos son el resultado de la ira, la frustración, el vacío y el dolor que se puede experimentar por no tener un sentido de plenitud en la vida. Se buscan formas de llenar ese vacío, de suavizar el dolor con comportamientos que produzcan cambios en el estado anímico. Estos comportamientos se convierten en pautas. Muchas personas, llegado el momento, deciden abandonar estas pautas y se enfocan en cambiar el comportamiento sin prestar atención a la génesis del problema, pero mientras no se trabaje en la causa que lo originó todo y que crea dolor, puede ser que se cambie el comportamiento generado, pero al cabo de un tiempo pueden volverse a iniciar nuevos comportamientos tóxicos o simplemente volver al mismo.

Cada vez que vivimos de acuerdo a nuestros valores más elevados, nos sentimos satisfechos y felices. Cuando estás viviendo de acuerdo a tus valores no sientes la necesidad de evadirte para evitar el dolor, porque este no existe. No necesitas beber, tomar drogas o colocarte en un estado de estupor.

El otro día conocí a una mujer que había dejado un buen trabajo, fijo y muy bien pagado para ir detrás de sus sueños. Ella estaba trabajando en un banco y simplemente los valores a los que estaba obedeciendo eran totalmente opuestos a los suyos propios. Decidió dejarlo y emprendió acciones. Todo su entorno intentó frenarla. Le decían que era un trabajo seguro y muy bien pagado. Por supuesto ella lo sabía pero no era feliz, más bien al contrario, estaba experimentando un gran dolor.

Cada vez que experimentas dificultades a la hora de tomar decisiones importantes, ten por seguro que es el resultado de no tener claro cuáles son tus valores. Recuerda que muchos de tus patrones de actuación fueron instalados en ti a muy temprana edad y los acogiste sin cuestionarlos. En este capítulo vamos a estudiar cuáles son tus valores más elevados, cuáles fueron aprendidos y cuáles son los tuyos propios. Una vez tienes una escala de valores clara, todo en la vida se vuelve más fácil.

Ahora imagínate que tu jefe te ofrece la oportunidad de ir a trabajar al país vecino. ¿Si te pidiera que te trasladaras junto a tu familia a este nuevo lugar, qué harías? Si te dijera que el trabajo es más interesante que el actual y la compensación económica superior ¿qué harías? La respuesta a esta pregunta depende exclusivamente de lo que es más importante para ti: ¿comodidad o aventura? ¿crecimiento profesional o familia? Por cierto ¿qué es lo que marca si valoras más la aventura o la comodidad? Por supuesto, todas las experiencias vividas y todos los condicionamientos adquiridos.

Valorar algo significa darle importancia. En este capítulo hablamos de los valores de la vida y en ellos encontramos los valores medios y los valores finales. Si te pregunto ¿qué es lo que más valoras? Puede que me contestes: «el amor, la familia, el reconocimiento...» De estos tres valores, el valor final es el amor. El amor es ese valor que estás buscando. En este caso, la familia y el reconocimiento pasan a ser valores intermedios, una forma de llegar al estado emocional final que deseas realmente.

El mayor obstáculo y causa de dolor es que la mayoría de personas no tienen claras las diferencias entre los valores finales y los valores intermedios. Muchas veces estamos tan ocupados en ir detrás de los valores intermedios que no llegamos a los finales. Uno de los grandes problemas es que las personas se fijan objetivos sin tener una idea clara de qué es lo que más valoran en la vida. Se fijan objetivos y cuando llegan a ellos se preguntan ¿eso es todo? Imagina el caso de un hombre que tiene unos valores de ayuda a los demás y justicia. Estudia la carrera de derecho y empieza a trabajar como abogado. Pasa el tiempo trabajando en un bufete de abogados y llega un momento en que cree que le gustaría poder ser socio de esa empresa. Logra ser socio pero con este cambio su trabajo pasa a ser totalmente diferente. Se convierte en un hombre con más éxito y empieza a dirigir la empresa. Aunque ha ascendido un escalón en el éxito profesional, no se siente feliz y realizado porque ahora no tiene el contacto directo con los clientes, se pasa el día entre papeles y asistiendo a reuniones. Ha logrado su objetivo, pero obvió el verdadero anhelo en su vida. Esto es muy habitual y por este motivo debemos tener claro cuál es nuestro valor final.

Todos nos guiamos y nos movemos hacia unos estados emocionales. Si te pregunto: ¿Cuáles son los estados emocionales que valoras más en la vida, qué me responderías? ¿Qué sentimientos te gustaría experimentar en tu vida? Piensa en ello un momento.

Estos son algunos de los ejemplos más frecuentes:

Salud   1 ....

Amor   2 ....

Éxito   3 ....

Seguridad   4 ....

Comodidad   5 ....

Libertad   6 ....

Vitalidad   7 ....

Poder   8 ....

Reconocimiento   9 ....

Honestidad   10 ....

Por supuesto, todas estas emociones son valoradas, pero no todas en el mismo grado. Está claro que cada persona se esforzará por experimentar más unos estados que otros. Todos y cada uno de nosotros tenemos nuestra propia escala de valores y esta escala es la que está guiando cada una de nuestras decisiones en la vida. Habrá personas que valorarán más la comodidad que la aventura o la libertad que el amor.

Ahora vamos a hacer un ejercicio. Tómate tu tiempo y evalúa qué emociones son más importantes para ti de la lista anterior. Vuelve a escribir la lista en orden de prioridad, poniendo en el primer puesto el estado emocional que crees más importante. Tómate un momento y realiza tu lista. Si hay alguna emoción importante para ti y no aparece, escríbela.

¿Ya lo has hecho? Fantástico, seguimos... ¿Qué has visto al ordenar tus preferencias emocionales? Viendo una lista tan simple como ésta, podríamos tener mucha información valiosa de la persona que la ha hecho. ¿Crees que las decisiones de una persona que tiene en su primer espacio aventura serán las mismas que las de una persona que ha elegido seguridad? Por supuesto que no. Seguramente serán personas totalmente diferentes y con vidas muy alejadas. No creo que tengan trabajos parecidos, que conduzcan el mismo coche, ni que inviertan su tiempo de ocio en las mismas actividades. Recuerda que nuestros valores son el timón de nuestra vida, son los que nos dan dirección. En la vida aprendemos a distinguir cuáles son las emociones que nos aportan más placer. Por ejemplo, algunas personas han aprendido que la forma de tener emociones más placenteras en la vida consiste en tener una mayor libertad y vinculan, por lo tanto el control con dolor. Ahora imagínate una persona que tiene la libertad en uno de los puntos superiores de su escala de valores pero tiene ganas de intimar con una persona y tener una relación con ella. Esa persona se va a ver en un constante tira y afloja. Cuando tiene o se siente en total libertad anhela tener compañía porque se siente solo y cuando tiene la intimidad con alguien teme perder su libertad. Encarado a ese dilema se tiende a sabotear las relaciones. Recuerda que siempre actuaremos tratando de evitar el dolor.

Una vez tengas claro cuáles son tus valores y el orden que ellos tienen en tu vida, puedes ganar consciencia de por qué sigues las direcciones que sigues. Al tener hecha nuestra escala de valores comprendemos por qué a veces tenemos dificultades a la hora de tomar decisiones o por qué vivimos conflictos internos en nuestro día a día. Fíjate en el ejemplo de esta persona que desea libertad pero al mismo tiempo quiere tener intimidad con alguien y el conflicto que esto genera en ella. Cuando tenemos valores contradictorios o difíciles de casar, estableciendo algunos cambios en la escala, la situación cambia enseguida. El cambio en las prioridades nos da poder.

Es vital que conozcamos nuestra escala de valores para entender por qué hacemos lo que hacemos. Es importante conocer nuestros valores pero también lo es que conozcamos los valores de las personas más cercanas a nosotros: pareja, amigos más cercanos o compañeros de trabajo. Cuando conocemos los valores de las personas con las que estamos más vinculados podemos saber cómo está su timón y entenderemos por qué toman unas decisiones en lugar de otras.

En este capítulo vamos a trabajar únicamente en la escala de valores, porque cuando tienes identificados cuáles son los valores más altos dentro de tu jerarquía, tendrás identificados aquellos que te van a aportar una mayor felicidad en tu vida. Aprenderemos a organizar nuestro día a día en base a nuestros valores para que todos estén presentes y así evitar el sentimiento de vacío.

Ahora imagínate el caso de una mujer que trabaja en lo que le gusta. Tiene un horario compatible con el poder estar con su marido y sus hijos. A esta mujer se le presenta la oportunidad de subir de nivel profesional con lo que ello conlleva: tener un mayor reconocimiento y también un mayor sueldo. Imaginemos que esta oportunidad está en otro lugar diferente al que se encuentra. Hasta ahora estaba trabajando en la misma ciudad y tenía tiempo para poder llevar a los niños al colegio e irlos a recoger para hacer actividades con ellos. También disponía de un tiempo para ir a correr por el bosque a diario y así poder mantener su estado óptimo de salud y vitalidad. Al trabajar en el mismo lugar podía también comer a diario con su familia. Empieza a trabajar en otra ciudad, que está a unos cuarenta minutos de su lugar de residencia. Muchas veces encuentra tráfico a la hora de volver a casa y llega tarde y cansada. Al estar fuera no puede comer con su familia. Esta persona está contenta de poder tener un lugar de trabajo mejor pero se siente muy frustrada y empieza a sentirse vacía. El trabajo que tiene es lo que ama pero no le da felicidad, al contrario, le crea malestar.

Vamos a ver qué pasa en este caso: Imagina que le decimos a esta persona que haga su lista de valores. Y queda de la siguiente manera: 1) amor y familia, 2) salud y vitalidad, 3) crecimiento, 4) éxito… Los primeros valores habrían pasado a ir detrás. Si para esa persona su primer valor en la escala es el amor y la familia y con el cambio esta emoción se ha visto menguada, se crea un malestar. Al trabajar en un lugar físico más lejano y tener que invertir más tiempo en el desplazamiento, se está privando de pasar más tiempo con la familia. Al tener que comer fuera no puede disfrutar del tiempo al mediodía para estar con los suyos. Al no disponer de la misma cantidad de tiempo que antes, ahora pasa todo el tiempo que puede con sus seres queridos dejando de practicar el deporte que la hacía estar sana y en forma. Cuando ahora esa persona pone las diferentes opciones en la balanza, tiene claro lo que quiere en realidad. A un lado de la balanza sus dos primeros valores: amor y familia, salud y vitalidad y al otro lado: crecimiento y éxito. Es importante tener claro qué es lo que ocupa los primeros escalones de nuestra escala de valores.

Hay casos en que se vive una situación inversa a este ejemplo. Todo depende de lo que crea placer o dolor en ti. Es fundamental que conozcamos qué es lo que nos mueve, pero de verdad. No lo que nos han dicho que tiene que ser, sino lo que realmente sentimos en nuestro interior. Muchas personas siguiendo el ritmo de la sociedad se embarcan en cambios y resultados que después les hacen sentir mal. ¿Cuántas personas hacen esto o aquello porque es lo que toca?, ¿Cuántas personas se ven «obligadas» a seguir el ritmo que marca la sociedad? A tal edad tienes que estudiar, después trabajar en lo que has estudiado, después tienes que comprarte una casa, después tienes que casarte, después tener hijos, después....No a todas las personas nos hace feliz lo mismo, por supuesto. Ya es hora de que identifiques qué es lo que te hace feliz. Lo que de verdad te da plenitud y felicidad, lo que tú sientes, no lo que los demás te dicen que es mejor para ti.

¿Qué te hace feliz?

EVITANDO EL DOLOR...

De la misma forma que hay una serie de emociones que deseamos experimentar porque nos dan placer, también encontramos una lista de emociones de las que haríamos cualquier cosa para alejarnos de ellas. Recuerda que tiene más poder el dolor que el placer. Tiene más fuerza el dolor porque nuestra mente hará lo que sea para evitarlo.

En cualquier momento en el que estés, cuando tomas una decisión acerca de lo que vas a hacer, automáticamente tu mente evalúa si esta acción puede llevarte a experimentar sensaciones de placer o de dolor. Nuestro cerebro estudia el impacto que esto puede tener en nosotros utilizando nuestra escala de valores. Imagina un grupo de adolescentes. Deciden que el fin de semana se irán juntos a hacer puenting. Dentro de este grupo hay un chico que la principal emoción que desea evitar es la de temor. Eso nos puede hacer pensar que no lo hará, ¿verdad? Pero, si el principal valor que trata de evitar a toda costa es el sentimiento de rechazo y este chico cree que si no hace lo mismo que el grupo puede ser rechazado, lo más seguro es que salte del puente aunque sienta temor. Los niveles de dolor que asociemos a ciertas emociones también afectarán a todas nuestras decisiones.

Y ahora, ¿Cuáles son las emociones más importantes que evitas experimentar?

Culpabilidad   1 ....

Rechazo   2 ....

Vergüenza   3 ....

Inferioridad 4 ....

Soledad 5 ....

Fracaso 6 ....

Tristeza 7 ....

Frustación 8 ....

Otras 9 ....

Todas estas emociones las queremos evitar porque son dolorosas. Pero es verdad que dentro de esta muestra de emociones hay unas que querrás evitar más que otras. De la misma forma que tenemos una escala de valores positivos, de emociones que tratamos de experimentar, existe también una escala de valores con emociones que queremos evitar a toda costa. Y ahora verás qué es lo que pasa cuando podemos relacionar esta lista con la otra.

¿Cuál de estas emociones te haría hacer cualquier cosa con tal de evitarla? Recuerda el ejemplo del chico que vence su temor y salta por el miedo a ser rechazado. Busca en la lista cuál de ellas te crea más dolor. ¿Recuerdas cuando te hablaba de las programaciones profundas y te hacía observar cuál era la cosa que alguien podría decirte que más te hiriera?. Algún comentario que pusiera sal en tu herida. ¿Cuál de estas emociones es la que más dolor te crea? ¿la tristeza, la vergüenza, la soledad? Tómate tu tiempo y reorganiza estas emociones en tu escala, tal y como has hecho en la lista anterior. Pon en orden de importancia estos estados que quieres evitar a toda costa. He escrito 8 emociones, pero si hay otras que no figuran en la lista escríbelas también en los espacios en blanco.

¿Ya estás? Fantástico, seguimos... Ahora que has hecho la lista ¿qué ves en ella? Estas son las emociones que te crean dolor, unas más que otras y por este motivo tienen su jerarquía. Piensa que detrás de cada paso que das en la vida están estas escalas y sobre todo la que acabas de hacer. El querer evitar el dolor nos mueve en unas direcciones u otras. Evitamos el sufrimiento, recuerda que nuestra mente tiene la clara misión de protegernos. Fíjate en cuál es la emoción que más dolor te crea...pongamos por ejemplo que se trata de la humillación. Si esta es la emoción que más intentas evitar, de alguna forma bloquearás situaciones en las que puedas experimentarla. No te expondrás fácilmente para que situaciones de este tipo puedan afectarte. Piensa que la mayoría de las personas tenemos miedo a la exposición. Cuando te expones en público puedes ser criticado, rechazado, humillado o puedes tener un fuerte sentimiento de vergüenza. Cuando te expones, te quitas la máscara y te permites ser como eres en realidad pero también tienes más posibilidades de poder vivir alguna de estas emociones dolorosas.

Imagínate el caso de un hombre que desde pequeño ha tenido una gran capacidad de comunicar. Puede que le guste el periodismo y se decida a estudiar la carrera pero si alguna de estas emociones está en los primeros escalones difícilmente se expondrá. Difícilmente saldrá a presentar un programa. Puede que trabaje desde las sombras sin ser expuesto. Cuando nos encontramos en un caso de conflicto de valores, aunque sepamos bien cuales son nuestros valores y lo que nos da felicidad y placer, si al otro lado encontramos un motivo de peso, nos parará. Si tenemos una emoción dolorosa llegaremos a autosabotearnos para no experimentar dolor.

LA FUENTE DEL AUTOSABOTAJE ES EL CONFLICTO DE VALORES

Imagínate que has colocado como tu valor principal el éxito pero la primera posición de la segunda tabla está ocupada por el rechazo. ¿Qué posible conflicto observas? ¿Qué crees que pasará? Cuando tienes éxito estás expuesto, serás conocido. Más personas te conocerán, dejarás de ser una persona anónima y te mostrarás, más personas hablarán de ti y más personas te criticarán y te rechazarán. Recuerda que no son las personas en sí, sino sus programaciones. Al querer alejarte de la emoción que te crea dolor evitarás la exposición y por tanto puedes llegar a sabotear tu éxito.

«Que hablen bien o mal, lo importante es que hablen de mí, aunque confieso que me gusta que hablen mal porque eso significa que las cosas me van muy bien.
De los mediocres no habla nadie, y cuando lo hacen solo dicen maravillas».

Salvador Dalí

Todo sabotaje es iniciado por un conflicto de valores. Quieres una cosa pero te da miedo...vamos un paso más allá. ¿Qué emoción está detrás de este miedo? ¿Tienes miedo al rechazo? ¿a la humillación? ¿a la soledad? ¿al fracaso?

Piensa que alguien que quiera tener éxito sin experimentar nunca el dolor del rechazo, no lo logrará, ya que es posible que antes de llegar a lo que desea, ella misma se sabotee. Y es que esta persona hará más para evitar el dolor que para obtener placer. Una persona que quiera tener un verdadero éxito tiene que estar dispuesto a vivir el rechazo, porque aunque sea una gran persona y lo dé todo a los demás, siempre habrá quienes malinterpretarán sus palabras y acciones y lo criticarán y juzgarán incluso antes de haberlo conocido. Nuestro cerebro ya ha hecho la asociación del rechazo vinculado a la posibilidad placentera del éxito y ha decidido que los sentimientos de rechazo crean un gran dolor y que no vale la pena experimentarlos por obtener el placer del éxito.

Muchas veces se ve a personas avanzando rápidamente hacia el éxito y un día, de la noche a la mañana desaparecen. Interiormente viven en conflicto, por una parte piensan: «puedo lograrlo, quiero tener éxito» y por otro lado: «Pero si lo hago, sufriré».

Todos nosotros tenemos conflictos de valores. Nuestro entorno nos ha condicionado sin ni siquiera ser conscientes de ello. Pero al igual que puedes cambiar tus pautas de conducta y tus creencias, también puedes volver a programar tu escala de valores y precisamente eso es lo que haremos a continuación.

Ahora vas a crear tu propia lista de valores ordenados, como has visto en las dos listas de ejemplo. Este trabajo es muy muy importante para saber hacia dónde te mueves, que estás evitando experimentar y la relación entre ambos. Haciendo las dos listas podrás ver que conflictos están presentes. Vamos a crear la lista y a descubrir cuales son tus valores actuales. La única pregunta que tienes que hacerte es: ¿Qué es lo más importante para mí en la vida? Anota rápidamente tus respuestas, después ya podrás ordenarlas. ¿Qué es lo más importante? ¿Qué es lo que te hace más feliz? La tranquilidad, la familia, el amor, la salud...

Una vez tengas ya la lista con las cosas que te hacen feliz, ponlos en un orden decreciente, empezando por el más importante e ir bajando hasta el menos importante.

....	1	....

....	2	....

....	3	....

....	4	....

....	5	....

....	6	....

....	7	....

....	8	....

....	9	....

....	10	....

....	11	....

....	12	....

Cambiando tus valores puedes transformar tu vida

Ya tienes la lista hecha. Observa tu lista. ¿Los valores apuntados te acercan o te alejan de tu propósito? ¿Hay algún valor que deba ser eliminado para que puedas cumplir lo que deseas? Observa los beneficios que obtienes de tener los valores en las posiciones que los has colocado. La primera vez que realicé mi lista de valores me llevó unas horas observarlos y ver qué influencia tenían en mí. Mirar si me acercaban a lo que quería o si me alejaban, observar su jerarquía y si me beneficiaban o perjudicaban en mi camino hacia mis objetivos. No tengas prisa, crea otra lista y estúdiala con detenimiento.

Cuando realicé mi primera lista de valores la pregunta que me hice fue: «Qué valores puedo eliminar de mi lista para llegar a mi objetivo?» Cuando empecé a trabajar hace once años en mi consulta tenía siempre la agenda llena de visitas. Empezaba muy temprano y acababa tarde. Toda mi atención y mi máxima prioridad era el trabajo. Cuando nació mi primera hija el trabajo fue desbancado por la familia. Empecé a trabajar cuando mi pequeña solo tenía un mes. A estas alturas ya sabes que vivimos en un mundo de energía y como mi prioridad era mi bebé y poder estar el máximo de tiempo posible con ella trabajaba poquito. No trabajaba poco porque yo decidiera a nivel consciente no dar más horas al día, simplemente todo en mi mundo se organizó de tal forma en que yo trabajaba justo las horas que creía indicadas y el resto me dedicaba en cuerpo y alma a mi hija. Mi atención cambió, mi prioridad o mi valor máximo también y el universo creó lo que era idóneo para mí en aquel momento. Cuando mi hija creció y mi atención volvió a estar en el trabajo, volvía a tener la agenda llena. Siempre tengo el trabajo que deseo, recuerda que atraemos lo que pensamos, lo que queremos experimentar. A nivel consciente me preguntaba ¿Qué es lo mejor para mí en este momento?

El valor de la familia, en mi familia es muy importante, valga la redundancia. Tanto yo como mis hermanos pasamos mucho tiempo en casa con mi madre y mi abuela y tengo hermosos recuerdos. Recuerdo que había niños en mi clase que no veían a sus padres hasta bien entrada la tarde. Este valor tiene mucho peso en mi vida y siempre ocupa las primeras posiciones de mi lista. De la misma forma vinculaba una emoción negativa, el sentimiento de culpabilidad. Tanto yo como mis hermanos, no empezamos a ir a la escuela hasta los tres años y este hecho me hacía, a nivel inconsciente, sentir culpable si llevaba a mis hijas a la guardería. En el otro libro te contaba que dejé de ver a mis hijas como un pretexto para aplazar mi propósito de vida y las convertí en mi gran porqué. Deje de verlas como un freno y pasé a verlas como un acelerador. En lugar de sentirme culpable si no pasaba cada hora del día que no tenía ocupada con mi trabajo en la consulta, me di cuenta de que tenía que ir a por mi sueño, por mí y por ellas. Volvía a rehacer mi lista de valores. En el primer lugar coloqué mi propósito de vida y en segundo lugar la familia. Decidí darles lo mejor, mi mejor atención, amor y educación, pero a la vez me di permiso para poder destinar unas horas para poder escribir. Trabajé sobre el sentimiento de culpabilidad del que quería alejarme constantemente y de esta forma pude trabajar en mi propósito.

De esta forma me di cuenta también de que había ciertos estados emocionales que debía evitar. Cuando tenía a la familia en el primer valor y quería encaminarme hacia mi propósito me sentía frustrada, ya que disponía únicamente de 9 horas al día para mí (incluidas las horas de sueño). Cambiando mi valor principal y planificando al detalle mi vida pude echar a la frustración.

Es vital saber cuales son tus valores y saber hacia dónde te estás moviendo. Crea tu lista y obsérvala, ella te dará una información muy valiosa. Cuando tus objetivos cambien, tómala de nuevo y modifícala según lo que necesites en este momento. Hazte preguntas como: «Qué valores debería eliminar de mi lista para poder llegar a mi objetivo?, ¿Qué beneficios obtengo de tener este valor en primer lugar? ¿Qué puede costarme poner este valor en la primera posición»?

Por lo tanto, ¿cómo puedes trabajar en tus valores?

1. Haciendo una lista. La lista de los valores y la lista de las emociones que tratas de evitar a toda costa. Descubriendo cuáles son tus valores actuales y su orden de importancia. Así serás consciente de lo que más deseas experimentar en este momento y de lo que más te quieres alejar a nivel emocional. Cuando puedas hacer estas listas verás y entenderás el porqué haces lo que haces. Cuando tomes consciencia del sistema placer-dolor todo será mucho más claro.

2. Si tienes ganas de cambiar tu vida, si tienes ganas de vivir una vida mejor en el ámbito que sea y estás dispuesto a coger el toro por los cuernos, ahora cuentas con una gran herramienta más que te ayudará a lograrlo. Es importante que te hagas la siguiente pregunta ¿Qué valores debería tener para lograr lo que deseo? Vuelve a escribir la lista con los valores que necesitas para llegar a lo que deseas y su orden de importancia. No tienen que ser los valores de la lista que ya tienes hecha, seguramente habrá otros nuevos que antes no tenías en cuenta. Observa qué valores no te son útiles y cuáles puedes introducir.

«¿Qué valores deberían estar presentes en tu lista para llegar a ser la persona que deseas ser? ¿Cómo es la persona en la que deseas convertirte?».

Cuando haces este ejercicio a conciencia estas listas dejan de ser palabras escritas en un papel para convertirse en la guía hacia tus sueños.¿Qué pasaría si pusieras el valor en el primer lugar? ¿Y la coherencia?

3. Contrasta las dos listas que hiciste inicialmente: la lista de tus valores y la lista de las emociones que no quieres experimentar porque te producen dolor. Mira a ver qué conflictos existen entre ellas, observa cuáles son tus conflictos de valores. Recuerda el ejemplo del chico que para evitar el rechazo estuvo dispuesto a saltar del puente. Mira a ver si por evitar el rechazo estás viviendo con unos valores que no son tuyos. Mira si por no sentirte solo o rechazado no te permites ser tú mismo. Así actuamos con la única finalidad de no experimentar el dolor de estas programaciones profundas. Trabaja en ellas para que no te limiten más.

LA VISUALIZACIÓN

La visualización es una técnica en la que se usa la imaginación para poder llegar a tus sueños y metas. Es una herramienta muy poderosa, empleada cada vez en más ámbitos. A través de crear (imaginar) situaciones en nuestra mente, haremos que estas acaben sucediendo.

«Lo que quieras crear en tu vida, lo debes crear primero en tu imaginación».

Tycho Photion

¿Cómo funciona la visualización?

¿Recuerdas las leyes universales? La ley del mentalismo nos dice que el universo es mental, que atraemos a personas, objetos y circunstancias a nuestra vida con nuestros pensamientos. A través de nuestros pensamientos y nuestra capacidad de imaginación podemos crear claras imágenes de lo que queremos experimentar para atraerlo hacia nosotros. Pero ya sabes que aparte de nuestros pensamientos, lo más importante es cómo esas imágenes mentales o pensamientos nos hacen sentir; las sensaciones vinculadas a los pensamientos que tenemos.

El principio de vibración nos dice que todo es energía y que todo, absolutamente todo está vibrando. Tú tienes una vibración propia, al igual que todo lo que deseas atraer. El trabajo de tus sueños, tiene una vibración. El hombre de tu vida, tiene una vibración. Tu casa perfecta, tiene una vibración. Con la visualización lo que haces es vibrar en la misma frecuencia que tu sueño, así de simple. Cuando puedes lograr vibrar en la misma frecuencia que tu sueño, te conviertes en un gran imán para atraer aquello que deseas hacia tu vida.

La visualización no es algo fuera de lo común, se utiliza actualmente en muchos ámbitos: dentro de la psicología, el deporte, la salud… Es una gran herramienta para trabajar. Imagínate por ejemplo a una persona muy tímida e introvertida que desea cambiar los aspectos de esa timidez que la limitan. Usando la visualización puede imaginar cómo se comporta por ejemplo en una fiesta con mucha gente. Puede imaginarse a sí misma en su faceta más extrovertida, puede crear en su mente la imagen de que se siente a gusto, de que habla con las otras personas, incluso puede imaginar que es el alma de la fiesta. Cuando creas esta imagen bien clara en tu mente y puedes sentir intensamente las sensaciones de estas acciones en tu cuerpo, poco a poco tu conducta se transforma. Recuerda que no atraemos lo que queremos sino lo que somos.

Cuando te puedes convertir o empezar a vibrar como la persona que ha logrado lo que quiere, esa vibración personal será la encargada de acercar a ti las situaciones necesarias para que obtengas lo que anhelas. Cuando en el caso anterior la persona empieza a visualizarse más abierta, más extrovertida, simpática y habladora y puede sentir en su cuerpo esas sensaciones y mantenerlas, todo cambia. Cambia su forma de actuar, sus sentimientos y sensaciones, sus hábitos, sus acciones y por último, sus resultados. Está claro que cuando puedes sentir lo que quieres lograr, tus acciones van a ser diferentes. Ya dijo Einstein:

«Locura es hacer la misma cosa una y otra vez esperando obtener diferentes resultados».

La visualización es una técnica que también usan los deportistas de élite. Una vez vi una entrevista que le hacían a la campeona de trial. Había un tramo del circuito con una gran roca, donde todos los participantes se quedaban enganchados. Ella superó ese obstáculo sin dificultad, cuando antes suponía un desafío. Explicó que utilizó la visualización. Varias veces al día imaginaba cómo hacía el recorrido del circuito y se imaginaba llegando a la gran roca. En su mente creaba la imagen de que podía salvar ese obstáculo y cómo lo hacía. Reprodujo en su mente tantas veces cómo pasaba esa roca que cuando llegó el momento lo hizo.

Cuando se utiliza esta técnica en el deporte se logran grandes cambios, porque como ya sabes; cuando la mente lo ve, el cuerpo está más cerca de conseguirlo. Gracias a la visualización, los deportistas pueden mejorar su técnica, ganar confianza y también recuperarse de lesiones. Lo que se hace es dejar una huella en la mente. Cuando se vive una situación límite que ya ha sido entrenada en la mente, se sabe cómo actuar, qué decir, qué hacer y qué sentir.

Hallazgos científicos confirman que los seres humanos utilizamos solo una décima parte de nuestro cerebro y de nuestras posibilidades mentales y que nuestras representaciones mentales influyen tanto positiva como negativamente en nuestro sistema nervioso.

El poder de la visualización en la salud

La visualización es inmensamente valiosa en el área de la salud. Hace ya muchos años que esta técnica se utiliza en personas enfermas con un fin terapéutico. Recuerdo que cuando estudiaba psiconeuroinmunología, se publicaron los primeros resultados de emplear la visualización en pacientes oncológicos. De hecho, si nuestra mente es la responsable de hacernos enfermar, es lógico que a través de ella podamos sanar.

Ya a finales de los años 70, Carl Simonton, oncólogo especializado en radioterapia y director del Centro de Terapia e investigación sobre el cáncer de Dallas (Estados Unidos), junto a su esposa, Stephanie Matthews, psicóloga y directora de psicoterapia de esta institución, empleaban esta técnica para ayudar a sus pacientes a superar el cáncer. Proponían realizar visualizaciones a sus pacientes de sus órganos afectados y enseñaban a la persona a nivel anatómico y fisiológico qué estaba sucediendo en su cuerpo. Las personas que hacían la visualización imaginaban cómo su cuerpo iba sanando, cómo el órgano afectado volvía a su estado normal y la eficacia de está técnica fue totalmente revolucionaria.

Asimismo, hace tiempo vi un vídeo de Gregg Braden donde en 3 minutos desaparecía un tumor. Este experimento se realizó en China en los años noventa, en una paciente con un tumor de vejiga de 7 centímetros e inoperable. El Qi Gong es una técnica antigua que se utiliza en muchos hospitales de China. En el vídeo se ve a la mujer recostada en una habitación del hospital, despierta y totalmente consciente. A su lado se encuentra el técnico de ultrasonido, el cual realiza el ultrasonido en su vejiga, que podemos ver en el monitor. En la parte izquierda del monitor aparece una imagen congelada donde se ve claramente el tumor para tenerlo de referencia. En la parte derecha del monitor podemos ver el vídeo en tiempo real de lo que está sucediendo, mientras tres practicantes de Qi Gong situados a su lado empiezan a trabajar con la energía del cuerpo de la mujer y con sus propios sentimientos. Lo que hacen es empezar a entonar palabras que para ellos realimentan el sentimiento de que la mujer ya está curada. Las palabras que utilizan son: «Ya está curada, ya está hecho». Y mientras ellos repiten esas palabras y tienen ese sentimiento, en el monitor podemos ver en tiempo real como ese tumor se va reduciendo hasta desaparecer por completo en menos de tres minutos. El cuerpo de la mujer respondió a los sentimientos de los practicantes y lo que ellos emitían era el sentimiento de estar en presencia de una mujer completamente sana, no la veían como una mujer enferma. Increíble, ¿verdad? Increíble el poder de este principio. Gregg Braden le preguntó al hombre que realizó el vídeo qué hubiera sucedido si los tres practicantes no hubieran estado allí. ¿Podía esta mujer o alguien hacer esto por sí solo? Y él le contestó: «Hay una gran probabilidad de que lo hubiera logrado por sus propios medios, sin embargo hay una particularidad en la humanidad, y es que nos sentimos más poderosos y fuertes cuando nos sentimos apoyados por otros en cualquier meta que nos pongamos. Así que ella probablemente mantuvo este sentimiento y se curó a sí misma con la ayuda de los tres practicantes de Qi Gong que proporcionaban el empuje energético para que su cuerpo respondiera». Lo único que estos practicantes hacían era mantener el sentimiento de que ella ya estaba curada y en menos de tres minutos el cuerpo de la mujer respondió.

Estas curaciones espontáneas se conocen en varias culturas. En México, muchas personas iban a las curanderas para que estas sacaran de su cuerpo las enfermedades. Alejandro Jodorowsky explica en uno de sus libros su experiencia del tiempo que compartió con una anciana curandera de la sierra mexicana. Explica la cantidad de personas que hacían cola delante de la casa de esa anciana mujer. Dentro de la casa, en penumbra, la curandera «extraía» del cuerpo de las personas sus enfermedades. Colocaba los dedos encima del lugar donde había por ejemplo un tumor y empezaba a hacer presión para acabar sacando una masa que enseguida lanzaba en un cubo. Jodorowsky explica que así fue consciente del poder de nuestra mente y de cómo esta puede hacernos sanar. Si tú crees firmemente que en tu cuerpo ya no está el tumor, esto es lo que creas. Álex Orbito también es una eminencia en Filipinas en este tipo de técnicas de sanación.

Ya ves que el poder no está en quién o qué puedan hacerte, el poder siempre está en ti, en tu mente. Cuando puedes evocar la imagen de que estás completamente sano, sin hacer caso a lo que te digan o veas en tu realidad, cuando tengas esa certeza absoluta de que estás perfectamente sano y puedas sentirlo, puedas tener la sensación corporal, los cambios van a empezar.

La visualización puede ser usada para cambiar cualquier ámbito de tu vida. A continuación te explicaré qué es lo que se hace mal a la hora de visualizar y de qué más debe ir acompañada esta técnica. Al igual que en mi anterior libro, en este también encontrarás ejercicios para poder trabajar de una manera más profunda.

ERRORES QUE SE COMETEN EN LA VISUALIZACIÓN

Puede que te estés preguntando ¿si es tan fácil, por qué a muchas personas no les funciona? No te preocupes, ahora vamos a ver qué es lo que se debe hacer y lo que no para poder utilizar esta poderosa herramienta a tu favor.

LAS CAUSAS DE POR QUÉ LA LEY DE ATRACCIÓN NO FUNCIONA EN TI:

1. Falta de claridad

Lo primero y principal es que tengas una claridad total de lo que quieres. La mayoría de las personas saben lo que no quieren, pero no lo que quieren en realidad. En lugar de enfocarse en lo que desean están totalmente dirigidas en lo que nos les gusta experimentar. «No quiero estar enfermo, no quiero estar solo, no quiero que me engañen, no quiero ser pobre, no quiero que me dejen, no quiero que me rechacen, no quiero que me echen, no quiero coger esta enfermedad, no quiero fracasar…». NO quiero, no quiero, no quiero... ¿Sabes qué? Nuestra mente no registra el no. Mira, vamos a hacer una cosa…sobre todo NO hagas lo que te digo, no lo hagas ¿de acuerdo? No hagas lo que te digo. No pienses en un elefante azul. ¿imposible verdad? Aunque lo niegues continúas enfocado en la situación que no quieres, le continúas dando importancia, la continuas alimentando y dirigiéndote hacia ella. Aunque se diga: «no quiero esto…» automáticamente estás dirigiendo tu mente y atención en esa dirección. Y ya sabes que nuestra mente subconsciente es impersonal y no sabe si lo que acapara tu atención es beneficioso o perjudicial para ti. Solo obedece órdenes; «ah…está todo el día pensando en que está solo y deprimido…pues vamos a por más». Donde está tu mente, estás TÚ.

Así que busca un ratito y siéntate a pensar o sentir qué es lo que quieres experimentar en tu vida. Busca dentro de ti qué es aquello que te haría enormemente feliz. Cuando lo tengas se te va a iluminar la cara, tu corazón latirá emocionado. Busca este espacio y siéntate delante de una libreta. Crea una lista de todo lo que quieres, de lo que quieres vivir en tu vida, de lo que quieres lograr. Deja a tu mente lógica aparcada, permítete volver a ser niño, no cuestiones si es posible o no para tu mente racional. Escríbelo. Haz una lista de todas las cosas que vas a lograr, de todas las cosas que van a cambiar en tu vida, escribe la persona que vas a ser. No hace falta, ahora mismo, que entres en muchos detalles. Una vez tengas la lista hecha, fíjate en qué sientes después de leer lo que vas a lograr. Es normal que alguna de las cosas que has anotado despierte el miedo en ti, vivimos en un mundo basado en el temor. Si has creado una lista revolucionaria es normal que sientas cosquilleo en tu barriga, no te preocupes. Los grandes cambios implican impecabilidad, fuerza y perseverancia.

Si aún no tienes las cosas lo suficientemente claras para poder crear la lista, no te agobies. Simplemente piensa en ello y todo irá llegando. Te digo lo mismo que cuando hiciste las listas y ejercicios en el libro anterior. Esta lista es para ti, nadie tiene que verla si tú así lo deseas. Si estás totalmente perdido, pide claridad. Si estabas enfocado en lo que no quieres experimentar, busca en estos sentimientos y te darán las pistas para saber qué es lo que verdaderamente quieres y te hace feliz. Conozco a personas que lo han abandonado todo para seguir su sueño y la premisa que ellos tenían era la claridad. Cuando lo tienes clarísimo y puedes experimentar los sentimientos que esto conlleva, simplemente actúas.

Ahora imagina un avión. Ese avión eres tú. Despegas desde un aeropuerto x y te diriges hacia un destino. Crees que quieres ir al punto A. Empieza tu vuelo, pero a los dos días crees que quieres ir al punto B con lo que ello conlleva: tienes que volver a diseñar tu ruta y parar a repostar (por supuesto este avión tiene un depósito gigante y su combustible es el Poder Personal). Te estás dirigiendo al punto B pero alguien te dice que es una locura y que lo reflexiones. El punto B está muy lejos de tu ubicación actual, así que vuelves a volar hacia el punto A. Pero pasado un día te das cuenta de que realmente el punto A no te hace feliz y piensas que puedes probar con el punto C. Vuelves a variar tu ruta, no sin antes cargar el depósito...Mientras vuelas hacia el punto C, el punto B aparece en tu mente. ¿Y si no hubiera cambiado la ruta? ¿Y si no hubiera hecho caso a lo que me dijo esa persona? ¿Cuánto me faltaría para llegar al punto B si no hubiera cambiado de opinión? ¿Es de locos verdad? Pero así actuamos.

Toma consciencia de donde estás y de hacía donde vas a dirigirte. Tenlo claro, porque sino vas a empezar a dar vueltas como el avión, ahora hacia el este, ahora hacia el oeste, ahora vuelvo hacia atrás... Cuando tú no tienes claro lo que quieres, la señal que mandas es totalmente caótica y el universo no va a poder ayudarte a lograr lo que quieres porque estás tan confundido que es imposible. Así que te animo a que traces tu mapa de ruta: Tu estás ahora en el punto x y te diriges al punto...

«El hombre por sí solo, tiene el poder de transformar sus pensamientos en la realidad física, el hombre, por sí solo, puede soñar y hacer sus sueños realidad».

Napoleón Hill

Recuerda que el camino del guerrero empieza en soledad. Tú eres la única persona que puede decidir dónde llevar tu vida. No hagas caso de quienes opinan sobre que es lo mejor para ti. **Lo que es mejor para ti, únicamente lo sabes** TÚ. Lo que te hace feliz y lo que no, lo conoces tú. No dejes que las personas o el entorno te desalienten. Muchos de los genios más brillantes que el mundo ha conocido fueron etiquetadas como no capacitados. Albert Einstein no habló hasta los cuatro años y no destacaba en la escuela precisamente y aún así es una de las mentes más brillantes que ha existido. Rodéate de personas que te inspiren, de personas que te hagan crecer, de personas que te hagan sacar lo mejor que llevas dentro.

2. Olvidar el principio del ritmo

Según el principio del ritmo todo tiene un proceso, todo tiene su ritmo. Muchas personas emprenden el camino y se desaniman porque pasado un tiempo no ven los resultados que estaban esperando. Cuando empiezas, cuando obtienes claridad y empiezas a vibrar como lo que deseas, poco a poco eso irá acercándose a ti. Todo depende de lo alejado que estés de lo que quieres manifestar.

Recuerda el ejemplo del avión; si empezamos a cambiar de dirección, un trayecto que puede ser un poco largo se puede convertir en un trayecto eterno. Imagina que todo se está volviendo a colocar en tu vida para poder dar cabida a lo que se dirige hacia ti.

El sabio bambú

En el lejano oriente vive un árbol cuyo crecimiento es el más rápido de todas las especies. Dicen que si te quedas quieto mirándolo, puedes verlo crecer. Y no es de extrañar, pues crece 32 metros por mes; esto significa que crece un metro diario, unos cinco centímetros por hora. Algo realmente sorprendente. El bambú es el árbol de mayor crecimiento del planeta, quizás la criatura viva que más rápidamente crece. Sin embargo, tú puedes tomar hoy una semilla de bambú y plantarla en tu jardín, puedes regarla durante meses y meses, y no conseguirás que brote ni el más pequeño tallo. Eso podría ser una gran desesperación para ti ¿verdad? ¿Por qué esa planta que crece tan rápido no crece en tu jardín? En un primer momento puedes echarle la culpa a la tierra. Quizás sea demasiado pobre, pero si eres listo verás que otros árboles viven en ella, así que no debe ser esa la razón. Quizás sea el clima de tu país ¿Quién sabe? Quizás necesita otro ambiente para salir adelante... Sin embargo en China y Japón se mezclan temperaturas extremas en todos los sentidos. Y esa planta aguanta el sol más caliente y el frío más extremo. De hecho es famoso por su habilidad para sobrevivir en cualquier circunstancia. Quizás puede ser que seas tú, quizás el problema esté en ti, quizás tú no sepas lo necesario y no puedas hacer que crezca el bambú.

El bambú es una planta muy sabia. Durante sus siete primeros años (¡si, siete años!) crece hacia abajo, extendiendo sus raíces hasta lo más profundo ¿Por qué? Porque es sabio y se está preparando para después ser capaz de alcanzar el mayor de los éxitos y ser la planta con el crecimiento más rápido que existe en todo el reino vegetal. Ser el número uno no es fácil, hay que prepararse mucho para ello, y el bambú lo consigue gracias a invertir siete largos años en dotarse de unas raíces profundas. Entonces se hace tan poderoso que en un mes crece 32 metros. Y aún cuando lo cortes seis veces, seguirá creciendo hasta los 32 metros en un solo mes. Por este motivo es tan apreciado, porque sabe prepararse para triunfar y si la desgracia cae sobre él puede llegar otra vez hacia lo más alto empezando casi de cero. Sus siete años de raíces le dan fuerza y aunque cortes el tallo, este volverá a crecer una y otra vez.

¿Qué pasa si cortas un roble o un pino? Verás que jamás vuelven a brotar. Ellos no se prepararon tanto como el bambú. Sin duda alcanzan un primer éxito, más rápido que el bambú y a los pocos meses ya tienen un tallo fuera de la tierra. Sin embargo, un roble de siete años aún es un árbol pequeño, joven y delicado. Si lo azota una tormenta puede ser arrancado y morir y jamás soportará que lo corten. Sin embargo, el sabio bambú, con siete años es un árbol poderoso, de treinta y dos metros, al que puedes cortar una y otra vez. La desgracia puede azotarle, pero él seguirá creciendo.

Aunque no lo veamos, todo va creciendo en el mundo intangible. Hemos seleccionado unas variables y estas van creciendo, van cambiando su densidad para poder llegar a ti. En el mundo metafísico, aquello que quieres vivir, se encuentra en un estado diferente al que te encuentras tú. Imagina que las cosas en el mundo de las variantes, se hallan en un estado de vapor de agua y que para poder verlas en tu realidad, necesitas que muten al estado líquido. Este proceso, lleva su tiempo. Aprender a tener paciencia y a no desviarte de tus sueños es crucial. Recuerda la metáfora que usaba. Tu mente es un gran huerto, donde tú eliges qué plantar. Puedes elegir plantar bonitos árboles frutales o dejar que las malas hierbas (malos pensamientos) lo invadan todo. Si has plantado un hermoso cerezo, necesitas esperar el tiempo que necesite para crecer, tener flores y finalmente darte cerezas. Manteniendo tu enfoque en las cerezas estás regando y cuidando ese bonito árbol. Si en el proceso empiezas a dudar y pierdes de vista tu objetivo, no le estás dando la energía para que pueda crecer y si los malos pensamientos invaden tu mente, estás rodeando tu sueño de arbustos espinosos y malas hierbas.

3. Falta de confianza

No acabas de creer que funcione. Pasa el tiempo y no ves llegar lo que deseas. Aquella fe con la que empezaste empieza a desaparecer para dejar lugar a las dudas y los temores. Empiezas a preguntarte si de verdad llegará, si de verdad lo lograrás. En ese tiempo de espera, guiado por la ley del ritmo empiezas a contemplar otras opciones. Otros caminos más fáciles empiezan a asomar en tu vida. Puede que el destino C sea más fácil y no esté tan lejos. Esa falta de fe en los resultados, se interpone en el camino de aquello que deseas, hacia ti.

Tienes que esperar aquello que quieres con un sentimiento de certeza absoluta, recordándote que si das los pasos convenientes, tardará más o menos, pero llegará. Tienes que mantener en ti la confianza. Como si hubieras hecho un pedido en una tienda y estuvieras esperando que te lo trajeran a casa. Cuando compras algo y lo ves en el catálogo o en la página web, no dudas de que te llegará. Puede que no sepas con exactitud el día, pero no pierdes la confianza en qué así será.

Es como el crecimiento de las raíces del bambú. Parece que nada esté sucediendo pero todo se está preparando. Si dudas y dejas de regar y cuidar el espacio donde has plantado el bambú, puede ser que no salga. Aunque no lo veas, tienes que confiar en que todo se está situando para llegar a ti.

«Todo es posible en la medida que tú crees que es posible».
Arturo Orantes

4. Esperas algo que no es lo que realmente quieres

Antes, cuando decía que te tomaras tu tiempo para escribir qué es lo que realmente deseas, comentaba que cuando encuentras verdaderamente lo que quieres se te ilumina el rostro. Muchas veces no escogemos con nuestro corazón, sino con nuestra mente. ¿Qué es lo más fácil? Deja a tu mente consciente y a tu ego de lado y permítete sentir dentro de ti lo que verdaderamente quieres. Puede que te encuentres muy alejado de este sueño o que tus pensamientos te den mil razones para no optar a ello.

Elige con tu corazón, deja que tu alma hable. Ella es la intermediaria entre el mundo físico y el mundo metafísico. Deja salir lo que realmente quieres, no lo cuestiones. No te fuerces en hacer la lista de forma rápida. Habrá personas que en media hora tendrán una lista bien clara y definida y otros que necesitarán días. Mientras piensas acerca de ello, te irán llegando informaciones.

Recuerda que el gran secreto para que tus sueños te encuentren, es el acuerdo que debe haber entre tu alma y tu mente. Tu mente condicionada te mostrará muchas opciones pero tu alma se quejará. Ella sabe cuál es tu esencia y tu propósito.

5. Un bajo poder personal

Con la estrategia chamánica has conocido qué es el poder personal, cómo generarlo y ahorrarlo. Recuerda que atraemos con nuestra vibración. Cuando nuestro poder personal es bajo, nuestra vibración también lo será. Si no has tapado todas las fugas de energía que tenías, te será muy difícil tener un buen poder personal. Recuerda todas las vías por las que se pierde energía: la queja, la crítica, las conversaciones telepáticas, el diálogo interno negativo, los enganches energéticos que se mantienen con otras personas, la importancia personal y los vampiros energéticos. El poder personal es la energía de la que disponemos para dirigirnos y manifestar aquello que deseamos. Imagínate una dinamo. Si la persona que va en la bicicleta no tiene energía y va muy despacio, la luz será débil y no podrá mantenerse, se irá encendiendo y apagando. Debemos pedalear fuerte para que la luz vaya al máximo y se mantenga.

Tener un buen poder personal es un factor muy importante de la ecuación. Cuando estás bajo, no vibras en la frecuencia adecuada y además es más fácil que vuelvas a los malos hábitos. Puede ser que vuelvas a entrar en una espiral de malos pensamientos, dudas y miedos, en diálogos negativos, etc.

«Valora y cuida tu poder personal como si fuera el carburante de ese avión que te lleva a tu destino».

La ecuación que da como resultado tu sueño cuenta con los valores: Claridad, Fe, Poder personal y Acción.

$$C + F + P + A = R$$

Cuando tengas claro qué es lo que deseas, tengas un poder personal importante, mantengas la Fe en que eso es posible para ti y emprendas acciones, los resultados van a llegar. Cuando empieces con este camino, la vida te va a poner obstáculos. Esos obstáculos son pruebas a superar, son pruebas de Fe, es una selección natural para que solo lleguen las personas verdaderamente comprometidas con su sueño. Muchas personas se rendirán al primer obstáculo, se dirán: «Ves, ya empiezan los problemas, eso no debe ser para mí». Otras aguantarán y superarán muchos desafíos. Quizás salten nueve obstáculos y en el décimo abandonarán y puede que detrás de este décimo impedimento esté su sueño. Una persona comprometida no parará hasta lograrlo. Nadie dijo que fuera fácil, si fuera fácil todo el mundo tendría la vida de sus sueños. Si fuera fácil no tendríamos a Albert Einstein, si fuera fácil no existiría Oprah Winfrey, si fuera fácil no tendríamos a Stephen Hawking, si fuera fácil no tendríamos a Tony Robbins. Justamente todas las dificultades y desafíos han hecho de ellos las personas que son. Todos esos aprendizajes los han hecho mejores. Comprométete con tu sueño y no pares hasta conseguirlo. Esto es lo que marca la diferencia. Y para llegar hasta el final, debes tener un buen poder personal.

6. No te sientes digno o merecedor

Recuerda todo el poder de las creencias profundas que permanecen ancladas en nosotros. La mayoría de las personas elaboramos estas creencias en nuestra infancia. Cada vez que nos decían: «Como no te has portado bien te quedas sin…». No nos sentimos lo suficientemente «buenos» para tener una vida superior en todos los aspectos. Cuando sientes que no eres digno para merecer lo que deseas con todo tu corazón, vuelve a trabajar en estos archivos.

Todos somos dignos y merecedores, TÚ también. ¡Métete en la cabeza que te mereces lo mejor! Mírate al espejo y te lo repites las veces que haga falta. «Soy digno y merecedor. Me merezco lo mejor». Porque este es el gran archivo que sabotea el poder avanzar en la vida, el poder soñar con algo mejor para ti. Este es el gran archivo que te priva de ser feliz. Trabaja arduamente en él, sin compasión. Aunque sea un archivo grande y poderoso por las veces y veces que ha sido reforzado, ármate de fuerza y valor, cárgalo en tus brazos y sácalo del desván de tu mente. Repite tu frase de poder hasta la saciedad, siéntelo en tu cuerpo. «Yo soy valioso». «Yo soy digno y merecedor». «Yo me merezco lo mejor».

Al nacer no nos ponen un sello que diga: «merecedor» o «no merecedor». El sentirnos merecedores o no, lo creamos nosotros aceptando informaciones como reales, malinterpretando situaciones y aprendiendo programaciones que no son nuestras. Este es un gran muro a superar. El no sentirse digno es como un guardián en nosotros, un guardián sin escrúpulos que no dejará que nada grande y merecido pueda entrar en tu vida. ¿Qué te parece si le decimos adiós?

Mientras este sentimiento permanezca en ti, no podrás experimentar las cosas que quieres por que simplemente este archivo, esta forma de sentirte te hace tener una vibración incoherente con lo que deseas. Si tú quieres un trabajo mejor o una persona maravillosa al lado y continúas creyendo que es demasiado para ti, que realmente no lo mereces, lo estás alejando en lugar de atraerlo.

«Atesora pensamientos de grandeza, pues nunca irás más lejos que tus propios pensamientos».

Benjamin Disraeli

7. Piensas, pero no vibras en la frecuencia de tu deseo

Recuerda que funcionamos en piloto automático. Todo nuestro día viene guiado por nuestra programación. Aunque dediques tiempo durante el día a meditar y visualizar lo que quieres, si no eres capaz de mantener esta vibración, continúas vibrando con tu información subconsciente. Recuerda que es muy difícil ganar un partido cuando en un equipo juegan 10 jugadores y en el otro 90.

«Más que hablar de crear, es más correcto hablar de magnetizar lo que ya existe en otro plano».

Saint Germain

Cuando eres capaz de mantener la vibración adecuada irás atrayendo hacia ti lo quieres experimentar. Si puedes pensar y vibrar, entonces empezarás a comportarte de la forma indicada. No es lo que piensas lo que atrae las cosas hacia ti sino la persona en la que te conviertes. Cuando mantienes la vibración, actúas en consecuencia. Tú forma de actuar será acorde a tu deseo (recuerda la importancia del lenguaje y la corporalidad).

Ahora imagina a una persona muy tímida que comprende perfectamente que está timidez la está bloqueando para poder llegar a su sueño. Empieza a visualizar, se ve más segura de ella misma, más extrovertida y comunicativa. Durante la visualización empieza a generar esa sensación y poco a poco la va manteniendo. Cada vez irá ganando más confianza, verá que no pasa nada malo si se muestra más abierta, irá venciendo sus miedos. Al mantenerse en esa frecuencia poco a poco su actitud cambiará, sus acciones y hábitos serán distintos y tendrá nuevos resultados. Del mismo modo que cuando nos encontramos funcionando de forma negativa y la vida te muestra una y otra vez situaciones afines que hacen reforzar tu mentalidad, sucederá lo mismo, pero a la inversa.

Pongamos a trabajar la parte invisible del iceberg. La parte visible (mente consciente) es la que saca la cara y se pone las medallas, pero la parte que realmente está haciendo el trabajo es la parte subconsciente. De alguna forma debemos volver a ser como niños. Los niños simplemente confían. Cuando escriben su carta a los Reyes Magos, no dudan de si estos vendrán o no. Debemos ser como niños para poder apartar a nuestro ego. Tu ego tiene una misión: protegerte. Él será el que te hará dudar, cuestionar e intentará que abandones; él está alimentado por el miedo. Y ya sabes que el miedo mata sueños.

Puedes vivir tus miedos o puedes vivir tus sueños, solo tú puedes elegir. Tu ego va a decirte: «cambios importantes = peligro». Tu ego tiene la misión de protegerte, de mantenerte en la zona de confort, en tu zona conocida, pero la única forma de crecer es poniéndote incómodo, saliendo de la zona en la que tanto tiempo has estado. Aunque lleves tiempo viviendo mal y sufriendo, esa es igualmente tu zona cómoda. Ya la conoces, sabes como funciona todo. Para tu mente es más sensato hacerte permanecer allí que dejarte salir para encontrar algo nuevo. Aunque sufras, ya lo conoces.

El ser humano se complica sobremanera. Desaprendemos la confianza y aprendemos a desconfiar, usando esa desconfianza como escudo por si las cosas no salen bien. Usamos este escudo para que si al final no se llega a lo que se espera el golpe no sea tan doloroso. En lugar de decirnos: «voy a hacer... y estoy totalmente convencido de que voy a lograrlo», nos decimos: «voy a intentar hacer... y a ver si sale». Desconfías de que puedas lograrlo. Si vas con esta mentalidad y no sale lo que esperas, estás protegido, no te va a doler tanto porque ya ibas con la posibilidad de que pudiera no funcionar y seguramente no funcionará. Recuerda que lo que hace que logres o no lo que te propongas es tu mentalidad. Cuando te decides a ir a por lo que quieres tienes que salir a jugar para ganar, no hay otra.

Siempre digo que con el discurso de una persona ya ves como está su vida y lo que va a lograr. Cuando alguien empieza: «bueno, voy a intentar de hacer... a ver qué pasa». Si tú no lo crees ¿qué pasará? Si no estás dispuesto a salir a ganar, si no estás dispuesto a darlo todo ¿qué pasará? Muchas personas no están dispuestas a ir a por todas y por este motivo se quedan donde están. Demasiada implicación, demasiado trabajo…

Ahora imagínate a un ratón de campo...está a punto de empezar el otoño y se dispone a recoger comida para el invierno. El ratón empieza a decirse: «ay, no sé si encontraré comida para el invierno», «es que últimamente no hay tanta como años atrás...» ridículo ¿verdad? Imagina a un árbol: «uf no sé si voy a poder crecer lo necesario», «igual no estoy en el sitio adecuado», «¿y si no llueve lo necesario?».

Ten por seguro que si los árboles tuvieran la mentalidad del ser humano tendríamos bosques en miniatura y el bambú ni asomaría al exterior. Somos nuestro mayor freno y nuestro peor enemigo, porque aunque haya gente allí fuera que te digan que estás loco o que no puedes, al final eres tú el que elige. No importa lo que los demás piensen de ti o te digan, importa lo que tú sientas y lo que tú te digas.

No es fácil mantener una vibración cuando todo a tu alrededor te está informando de algo diferente, pero empieza. Tienes un gran poder durmiendo dentro de ti y eres totalmente capaz de hacerlo.

«Da el primer paso con fe. No te preocupes si no puedes ver la escalera, solo da el primer paso».

Martin Luther King

La película basada en hechos reales «*En busca de la felicidad*» nos cuenta la historia de Chris Gardner, un hombre que partiendo de una vida desastrosa logró llegar a vivir su sueño. Chris Gardner se encontró con un hijo al que criar, sin dinero y sin casa, pero aun así perseveró para lograr llegar a su meta, aunque todas sus circunstancias le dieran la información contraria. Solo tenía un modo de generar el dinero para llegar a la fecha en la que se hacía una prueba de selecciópn para trabajar con una gran empresa. Él quemó todas las opciones. Sabía que si lograba vender los aparatos médicos que tenía generaría el dinero justo para llegar a la fecha marcada. Durante su preparación y estudio vivió mil infortunios, tuvo que pernoctar en dormitorios sociales pero nunca dejó de formarse y estudiar. Él tenía una meta y sabía que no había otra opción posible, tenía que hacerlo sí o sí. Es una película inspiradora, si aún no la has visto, te la recomiendo.

Es un ejemplo de que si verdaderamente lo quieres, se puede. Si lo sientes en tu corazón y estás dispuesto a dar tu máximo potencial, lo puedes lograr.

Aunque toda la información que te llega a través de los sentidos sea contraria a lo que quieres, mantente en ella. La única forma de poder cambiar lo que ves es creando dentro de ti lo que quieres ver. Si continúas enfocado en lo que ves, difícilmente podrás ver algo distinto. Ya sabes que todo en el universo avanza y se expande, esto significa que si tu vida no está bien, seguirá avanzando en la misma dirección y empeorando. Y al contrario, si tu vida cambia y empieza a ir bien, seguirá avanzando para ser cada vez mejor.

Empieza a cambiar las imágenes de tu mente y empieza a vibrar en ellas. Esto es un entrenamiento y como todo entrenamiento, con la práctica, cada vez te resultará más fácil. Cambia tu mentalidad y empieza a moverte, la acción es vital para atraer lo que quieres, como verás más adelante. El mismo nombre lo indica: atracción.

8. Lo que quieres y lo que decretas no son lo mismo

Aquí vuelve a aparecer la importancia del lenguaje. Si tú quieres una vida próspera en todos los sentidos y continúas hablando de los problemas que tienes o de lo mal que está la vida, en esto permaneces. Recuerda que la palabra es el pensamiento hablado. Lo que dices te da información de cómo está tu subconsciente. La palabra procede del corazón, de tu interior, de tu subconsciente, de tus creencias. Lo que dices es un síntoma de como estás vibrando. Recuerda que atraemos por vibración y la pista de lo que vibras es lo que sientes y lo que dices.

Evita entrar en conversaciones negativas, en conversaciones llenas de quejas y lamentos. No permitas que estas informaciones penetren en ti. Decreta lo que quieres, no lo que no quieres vivir o seguir viviendo. Utiliza el poder de las palabras para acercarte a tus sueños. Es imposible que tengas riqueza económica si estás constantemente hablando de la crisis, el paro y lo mal que está el país. Es imposible que tengas una pareja maravillosa si te enfocas y hablas de situaciones negativas que están viviendo otras personas en este campo. Es imposible que te encuentres bien si continuamente estás diciendo que estás cansado o temes ponerte enfermo.

Muchas veces hablamos sin pensar. Gana consciencia en cada palabra que sale de tu boca. Estamos tan programados que repetimos frases negativas de forma automática. Frases como: «No sé... », «A ver qué pasa...», «Bueno, lo intentaré...», «No puedo...». Es importante medir nuestro lenguaje. Cuando estamos cansados, frustrados o agobiados, salen frases como: «Ya no puedo más...», «No sé cuánto tiempo podré soportar esto...», «Estoy fatal», «Esto es insoportable...».

Recuerda que la mayor razón para no tener lo que quieres es porque tu mente consciente y subconsciente tienen opiniones contrarias. Tú puedes tener muy claro que quieres lograr, que quieres hacer o que quieres cambiar pero a nivel automático tu información subconsciente te saboteará. Pon atención a lo que quieres lograr y a las informaciones contrarias que aparecen en ti. No decretes en la dirección contraria.

9. Estar enfocado en el «QUÉ»

Una vez defines qué es lo que quieres y empiezas a activarte en esa dirección, no te despistes en el cómo. El cómo no tiene que preocuparte, solo ocúpate del Qué. De alguna forma, muchas personas deciden el qué y una vez lo tienen claro van trazando todo un recorrido en su mente de cómo van a llegar a su objetivo. Pero con la visualización, el cómo no es importante, sino más bien un obstáculo. Tienes que enfocarte únicamente en lo qué quieres lograr y el cómo llegará por añadidura. Aunque tu mente lógica necesite saber y conocer todo el camino que te va a llevar a tu destino, no pierdas enfoque y energía en ello.

Cuando permaneces en el «Qué» estás en el camino y lo importante es que vibres con el fin. Deja que la vida te sorprenda, confía en su buen gusto para llevarte a lo que quieres. Enfócate en el «Qué» y vibra en él. Lo importante es visualizar el qué. Visualizarte con él. Ya llegaste, ya lo lograste. Crea esta imagen en tu mente y vibra en ella. Vibra como la persona que llegó a su objetivo y esa vibración de logro será la qué irá atrayendo precisamente esto hacia ti. Conviértete en el imán que va magnetizando esta variable y la acerca hacia tu vida.

10. No usas una técnica de visualización correcta

Si no usamos las técnicas correctas es muy difícil que lleguemos a nuestros objetivos. ¿Recuerdas cuando decía que todo empieza cuando alma y mente llegan a un acuerdo? Cuando podemos colocar nuestros sueños en una zona cómoda tanto para nuestra mente como para nuestra alma, eliminaremos los posibles conflictos que puedan aparecer y nuestro mensaje será claro. Con esta claridad y sin conflictos podremos atraer hacia nosotros aquello que estamos pidiendo. Uno de mis principales objetivos es que aprendas a trabajar con alma y mente unidos en la misma dirección y estás a punto de saber cómo hacerlo.

CÓMO VISUALIZAR

1. DEBEMOS VISUALIZARNOS EN PASADO

Uno de los grandes errores que se cometen a la hora de visualizar, es que nos visualizamos en el futuro y por lo tanto, aquello que visualizas nunca llegará. Cuando nos visualizamos, debemos experimentar la sensación de que lo que deseamos ya lo obtuvimos. Recuerda que atraemos con lo que sentimos. Si nos visualizamos en un futuro, tu sentimiento es de que lo vas a tener pero no de que lo tienes. Es importante que tengas el sentimiento de que ya llegaste, de que ya lo lograste.

Cuando visualicemos lo haremos en pasado. **Crearemos en nuestra mente la historia de cómo lo logramos, como si lo estuviéramos recordando.** Debemos visualizarnos como si ya hubiéramos vivido esa experiencia. Para nuestro cerebro es más fácil recordar que inventar, cuando creamos esta historia como si realmente fuera un recuerdo y empezamos a repetirla, crearemos en nosotros la vibración que nos irá acercando precisamente a lo que tu mente cree que recuerda.

2. DEBEMOS VISUALIZARNOS EN PRIMERA PERSONA

Cuando te visualizas en tercera persona no eres el protagonista de tu historia. Es cómo si vieras una película en tu mente donde tú apareces, pero tienes que estar tú dentro de la película, en lugar de ver tu imagen. Este es uno de los errores más habituales a la hora de usar estas técnicas. Si te ves desde fuera, simplemente aquello que visualizas continuará fuera de tu vida.

Debes estar dentro de la película. Al igual que para ser consciente de que estás soñando, se indica que te mires la manos en el sueño y automáticamente ganas consciencia, cuando visualizas pasa lo mismo. Mírate las manos, toca alguna cosa o acaricia a alguien. Toda la información procedente de nuestros sentidos también debe estar presente en la visualización. Lo importante es que sea lo más real posible. Podemos tocar alguna cosa, estrechar la mano a alguien o besar. Podemos oler un aroma concreto, saborear alguna comida, beber algo y tener conversaciones.

Lo importante es que crees una película lo más real y creíble posible. En la visualización rodéate de cosas que estén presentes actualmente en tu vida, cosas que te gusten, cosas que ames.

3. INVOLUCRAR A TERCERAS PERSONAS

Muchas personas se visualizan siempre solas, o con un escenario vacío. Cuanto más real sea nuestra visualización, mayor impacto tendrá. **Cuando involucramos a otras personas en lo que estamos creando, es más normal para nuestra mente**. Cuando interactuamos con personas de nuestro entorno dentro de la visualización, para nuestra mente es más real. Lo que queremos es poner esta imagen que estamos creando en una zona de confort de nuestra mente, por lo tanto cuantos más elementos habituales como las personas con las que compartimos habitualmente, estén presentes, más creíble será. Cuantos más elementos familiares intervengan en tu película más fácil será que acabe proyectándose.

4. EL TIEMPO DE VISUALIZACIÓN ES INSUFICIENTE

Cuando visualizamos pasamos por diferentes fases que conllevan unos 80 segundos. Desde que empiezas a crear la imagen en tu mente hasta que logras experimentar la sensación en tu cuerpo, hasta que consigues vivir aquello que tú has creado en cada una de tus células. Tienes que acabar la visualización sintiendo que has vivido realmente lo que has imaginado. Este es el gran secreto. Creerlo real y quedarte con ese sentimiento de que lo que has creado, de que lo has vivido.

Cuando empezamos a visualizar, en los primeros segundos partimos de una visión borrosa que poco a poco va ganando claridad. Poco después ganamos claridad y podemos empezar a sentir, aparece la emoción vinculada a lo que estamos viendo. Esta emoción va haciéndose más fuerte hasta que puede pasar a la consciencia y finalmente experimentamos el sentimiento de que lo hemos vivido. Normalmente aparecen emociones como la alegría y la satisfacción por haber alcanzado nuestro sueño.

Lo importante es que termines la visualización con el sentimiento de logro, de que lo lograste. De que ya lo tienes.

5. VISUALIZAR SUFICIENTES VECES

Recuerda que todo en el universo es energía. Cuanto más poder personal logres acumular y más energía concentrada en tu objetivo puedas mandar, más rápidamente lograrás llegar a tu meta. Recuerda el ejemplo que ponía de mandar toda tu energía y atención hacia un solo objetivo, como si fueras un láser. Cuanto más conectado con tu deseo estés, más fácilmente lo atraerás. Debes mantener la confianza, no hay fracasos solo retrasos.

Cuando empieces a visualizar pasarás por diferentes fases. Al principio pueden surgirte dudas acerca de si realmente va a funcionar; puedes pensar que la imagen que has creado no es para ti. Recuerda la importancia de ser un buen receptor y de sentirte merecedor. Es normal que en esta primera fase te hagas este tipo de preguntas. A esta fase le sigue otra en la que realmente puedes sentir la alegría que experimentas cuando ya te ves con tu logro. Recuerda la ley del ritmo y la importancia de crear potenciales excesivos.

Después de estas dos fases iniciales empieza la normalidad. Empiezas a acostumbrarte a tu objetivo y lo ves como algo normal. En este punto se han vencido ya las resistencias de nuestra mente. Normalmente es ya en esta fase donde tienes una confianza absoluta de que aquello que quieres se acerca a ti. Aunque no tengas señales físicas, confías. Muchas personas se rinden en las dos primeras fases. Estas pueden durar días o meses, dependiendo del caso. Recuerda que tú ya has proyectado tu intención, tu intento y lo único que falta es que continúes dándole energía.

6. SENTIR LO QUE VISUALIZAS

Recuerda que atraes por lo que vibras, por lo que sientes, no por lo que piensas. El lenguaje del universo es la emoción. Debes unir mente y corazón. Recuerda que el poder magnético del corazón es increíblemente superior al de nuestra mente. La imagen que tu mente proyecta será la que te haga tener la emoción, el sentimiento. Piensa, imagina, crea la película en tu mente pero sobretodo SIENTE.

Lo mismo sucede en las declaraciones. Tú puedes estar todo el día repitiendo tus frases de poder, como si dijeras las tablas de multiplicar, casi sin prestar atención. Pero el verdadero poder de estas afirmaciones es que deben hacerse con plena consciencia y sintiendo lo que se está decretando. Cuando afirmas; «me merezco lo mejor», siéntete merecedor, siéntelo de verdad. Cuando veas en tu mente tu sueño ya cumplido siéntelo intensamente.

7. NO CREER EN EL PODER DE LA VISUALIZACIÓN

A muchas personas visualizar para obtener lo que se desea les puede parecer algo irreal y propio de la fantasía. Si es tu caso, si dudas de su eficacia, busca más información, busca referencias e investigaciones que te ayuden a confiar más en esta gran herramienta.

Muchas personas quedaron muy decepcionadas después de ver o leer *El Secreto*. Parecía todo muy simple y mágico, pero visualizar bien es un arte y un entrenamiento. Muchas personas abandonan antes de tiempo y otras visualizan, pero continúa en ellos el sentimiento de incoherencia que interfiere en lo que desean. En la última parte del libro trabajaremos directamente sobre el sentimiento de incoherencia, cuando te enseñe la técnica de crear deliberadamente.

Es recomendable que empieces con algo que no sea muy distante a ti. Es vital también tener plena consciencia de la mentalidad que se tiene. Puede ser que aún haya programaciones concretas que te impidan llegar a lo que quieres. Aunque visualices varias veces al día, si el sentimiento que te acompaña es contrario, este va a ser el que manda, este va a ser el encargado de crear en ti una vibración diferente a tu sueño. Al igual que con las declaraciones, si a la hora de empezar a visualizar empiezas a experimentar sentimientos contradictorios, trabaja en ellos. Mira qué creencia está detrás causándolo y quítale el poder. Lo importante es ser congruentes con lo que queremos lograr. Necesitamos entrenar nuestro cerebro; este debe aprender. Si no diriges tu mente hacia tu objetivo, esta se enfocará en lo más cercano.Puedes mantenerte enfocado en los problemas, en la negatividad, en la enfermedad, en la crisis, etc.

Las creencias sobre la ley de atracción, los principios universales y la visualización deben ser firmes. Es normal que durante tus visualizaciones aparezcan obstáculos. Cuanto más importante o alejado esté tu objetivo más resistencias aparecerán, cuanto más distante esté tu deseo de tu vida actual más sabotajes te encontrarás. Es importante aprender a eliminar esas resistencias y esto se logra teniendo plena confianza en lo que estás haciendo. Busca referencias de personas que lograron grandes cosas con esta herramienta. Busca y estudia más sobre la ley de atracción, las leyes que rigen el universo y la visualización. Al saber más, tu mente se abrirá y ganarás confianza.

Puede ser que en tu camino hacia tu sueño haya cosas que de repente empiecen a ir mal. No te desesperes, mantén la calma y la atención. Recuerda que lo que vives ahora son los frutos de las semillas que plantaste en tu pasado, lo que ahora acontece en tu vida es el efecto de los pensamientos que tuviste. Los pensamientos negativos son más densos y tardan más en manifestarse. Lo importante es que esto pasará y dejará paso a los frutos de las semillas que has plantado hace poco. Por lo tanto, mantén la calma porque cuando empezamos a decirnos: «igual no lo estoy haciendo bien», «no me llega lo que deseo», «no lo consigo», «igual no funciona» estamos mandando órdenes claras.

La carrera hacia el éxito es una carrera de fondo, necesitas poder personal y mantenerte enfocado en la meta. Cuando vuelves a entrar en dinámicas de negatividad es como si te pararas en medio de la carrera. Cuando alguna duda aparezca en tu mente, obsérvala pero no te recrees en ella. El universo es preciso. Una vez logres materializar un propósito y veas la precisión con la que te llegó ya no albergarás más dudas al respecto. Recuerda que debes esperar tu sueño con confianza, no con desesperación

¿Recuerdas la ley del ritmo? En «*La magia que duerme en ti*» te explicaba cómo funcionan las leyes universales. Cuando damos un exceso de importancia, la ley del ritmo nos lleva a experimentar lo contrario. Creamos un exceso de importancia cuando estamos de una manera que no es correcta. Te explicaba que cuando se lleva mucho tiempo preparando un evento como puede ser una boda y estás pendiente y preocupado de que todo salga bien, normalmente todo sale del revés. Te estás enfocando con temor, sin confianza. Todas esas variables negativas que a nivel subconsciente seleccionas, son las que acaban materializándose. Recuerda por tanto el exceso de importancia y el miedo oculto a no tener lo que quieres.

El otro factor es el desapego. Tienes que tener el objetivo claro en tu mente, escribirlo de forma detallada, ponerle fecha y esperarlo con confianza. Debes desapegarte del resultado. Si detrás de tu propósito hay desesperación, no llegará. Desapegarse significa quitarle importancia. Ser feliz desde ya y continuar siendo feliz tanto si llega como si no llega. Tu sueño debe ser planteado como algo normal, algo que llegará y mientras vives tu vida sin obsesionarte con él de forma negativa. Ve a por tu sueño como quien va al supermercado a comprar. No vas preocupado, simplemente tienes un objetivo y te pones en marcha hacia él. Te pones en el proceso y tomas acción cuando toque, mientras te dedicas a vivir feliz y a seguir tu intuición.

En la última parte voy a explicarte la técnica de creación deliberada y cómo aplicarla. Te explicaré lo que me sucedió a mí y la precisión exacta día tras día.

8. VISUALIZARNOS CON EL LOGRO OBTENIDO

La finalidad de la visualización es que te puedas ver con tu objetivo ya cumplido. Imagina algo que ya tienes, algo que ya lograste. Al pensar en esto ¿te provoca una gran euforia? No, porque ya es tuyo, ya lo lograste. Recordando este gran logro pueden aparecer en ti sentimientos de satisfacción, de alegría y gratitud. Ya lo lograste, ya es tuyo, ya lo estás experimentando. Este es el mismo sentimiento que debes evocar cuando visualizas algo que está por llegar, sentirte igual que cuando visualizas algo que ya tienes. Visualízate disfrutando del objetivo ya cumplido, no en la obtención de éste.

En general estos son los puntos en los que la mayoría de las personas fallan. Puede haber una falta de confianza, una falta de perseverancia o que no se logre sentir el objetivo ya cumplido. A la hora de visualizar ten en cuenta estos puntos y fíjate si alguno de ellos es tu punto débil para poder trabajar más en él. Recuerda el principio de correspondencia «como es arriba es abajo», como es en tu mente es en tu vida. Tu mundo interior crea tu mundo exterior.

Debes permanecer en tu sueño, comportándote como si ya lo hubieras logrado.

Resumiendo:

– Visualízate en primera persona, tú eres el protagonista de tu historia, no el observador.

– Visualízate en pasado, como si ya hubiera ocurrido.

– Añade a terceras personas, a personas de tu entorno, para hacerlo más real para tu mente.

– Visualízate al menos durante 80 segundos y hazlo tantas veces al día como puedas, sobre todo al principio. Visualízate hasta que logres experimentar la emoción en tu cuerpo. Si con 80 segundos no es suficiente, dedícale más tiempo, hasta que logres experimentar la emoción de objetivo ya logrado.

– Visualiza el objetivo como si ya fuera algo normal en tu vida. Visualízate con el objetivo ya obtenido, no en la obtención de éste.

OTRAS COSAS A TENER EN CUENTA...

Recuerda que nuestra mente no puede distinguir entre lo que imagina, recuerda o lo que realmente está sucediendo. Cuanto más real sea la imagen que crees en tu cabeza, más fuerza tendrá.

Muchas personas piensan que únicamente podemos visualizar sentados o tumbados en un lugar tranquilo y con los ojos cerrados. Esto depende totalmente de la persona. Hay personas que visualizan con los ojos abiertos. Seguramente te ha pasado montones de veces de ir conduciendo y tener una escena muy clara en tu mente, o mientras caminas, nadas o corres. Da igual el momento y cómo lo hagas. Puedes aprovechar para visualizar cuando vayas a pasear o hagas cualquier cosa. Cuantas más veces lo hagas, más fácilmente lo harás. Lo importante es que tengas la sensación, la emoción.

Lo que si es importante es que lo hagas en los momentos de poder; justo antes de dormirte y por la mañana al despertarte.

Recuerda lo que te explicaba en las primeras páginas del libro sobre la información que ponemos en nuestra mente en estos últimos momentos antes de entrar en el sueño.

Ahora bien, vamos a ver **algunos trucos más** para hacer tu visualización aún más real.

1. Pon color y forma a las cosas, escucha sonidos y toca cosas dentro de la visualización. Implica todos tus sentidos en la visualización, crea una imagen real en tu mente. Cuando en la visualización conversas con otras personas, oyes sonidos externos a ti, estrechas la mano a alguien, te abrazas, besas y tocas objetos de la imagen para tu mente es más real. Al implicar nuestros 5 sentidos estamos creando una imagen más creíble para nuestra mente.

«La imaginación lo es todo. Es una visión preliminar de lo que sucederá en tu vida».

Albert Einstein

2. Toma emociones experimentadas en una situación real que ya viviste y lleva estas emociones a tu visualización. Con esta medida lograrás hacer frente a uno de los grandes problemas al iniciar esta práctica, ya que es posible que te cueste poder vincular la emoción a algo que aún no has experimentado. Es algo perfectamente normal. Empieza recordando alguna situación que generara en ti la emoción que quieres experimentar y lleva esta emoción a su punto máximo. Cuando sientas la emoción, sustituye la imagen mental. Cambia la imagen que recordaste para evocar la emoción por tu visualización. De esta forma impregnarás de emoción el sueño que deseas lograr.

Recuerda que nos volvemos adictos a experimentar ciertas emociones. El pensamiento es el interruptor que inicia la cascada de neuropéptidos específicos en nuestra sangre. Estos neuropéptidos son los encargados de hacernos sentir de una determinada manera. Cuando nos volvemos adictos a sentirnos frustrados o enfadados, cada vez lo experimentamos de forma más rápida, más frecuente y más pronunciada. Cuando estás enfadado, cuando tienes la «necesidad» de estar enfadado, buscarás la chispa ante cualquier circunstancia para poder continuar sintiéndote ofendido.

Cuantas más veces experimentes la emoción vinculada a tu visualización, más fácil será evocarla de forma rápida, frecuente y pronunciada. Y la gran pregunta ¿por qué no nos volvemos adictos a experimentar emociones positivas? Todos tenemos unas tendencias, unas adicciones emocionales. Imagínate que te enfadas con frecuencia… imagina que cada vez que te das permiso para entrar en esta emoción, la pudieras cambiar y experimentar la emoción ligada a la realización de tu sueño. ¡Sería fantástico!Imagínate al universo, la fuente o como quieras llamarlo, como si fuera el genio de la lámpara; un genio que ha venido a concederte tus deseos. Imagínate que este genio es sordo y que solo puede comunicarse contigo a través de los pensamientos y de las emociones, y en definitiva, de tu vibración. Aunque te repitas muchas veces durante el día lo que quieres lograr, si tus pensamientos y emociones ligadas a tus decretos y en definitiva a tu objetivo, no son acordes, no llegará lo que pides. El genio no puede oír lo que sale de tus labios, él solo capta lo que sientes y los pensamientos que acaparan tu atención. Lo que sucede realmente es lo mismo. El universo no puede oír tus palabras, capta tu vibración, creada por tus pensamientos y emociones. Aunque te sientes a visualizar varias veces al día, necesitarás transmitir una emoción congruente con la imagen que has creado, porque esta es la señal que estás mandando para ser atendido.

Como verás más adelante, hay varias técnicas que también utilizaremos para poder mantenernos el mayor número de veces en la emoción del sueño ya cumplido. Cada vez que el objetivo venga a tu mente, dedícale unos segundos y siéntelo.

3. Debes crear en tu mente una imagen en movimiento. Si creas una imagen estática de tu objetivo, no es real. Debes tomar acción dentro de la visualización, tal y como lo haces en tu vida normal. Cuantos más detalles puedas visualizar mejor.

4. Hacer la visualización no debe suponer ningún esfuerzo energético para ti.

Debes visualizar sin esfuerzo, con fluidez y confianza. Recuerda, sin embargo, la importancia del poder personal. Cuanto más alta sea tu energía, más fuerte será la señal. En «*La magia que duerme en ti*» te contaba cómo aprovechaba siempre que iba a grandes eventos para visualizar o hacer mis declaraciones. Cuando sientes esa ola de energía dentro de ti puedes aprovecharla. Cuando sientes en tu interior esa gran alegría, coloca rápidamente tu sueño en tu mente, vincula esa gran ola de alegría a tu deseo.

Si puedes, algunas veces antes de sentarte a visualizar, haz algo que te haga enormemente feliz. De esta forma partirás de una energía más alta y tu señal será más intensa. Si durante tu día te tomas un tiempo para pasear por el bosque o el parque y esto te da mucha felicidad, aprovéchalo. Si estás en algún sitio y suena una canción que inmediatamente te hace sonreír, hazlo entonces. Busca momentos en los que tu energía suba y visualiza tu objetivo. No te llevará mucho tiempo, poco más de un minuto.

5. Durante la evocación de la imagen mental de tu deseo, debes evitar tener pensamientos negativos y contradictorios. Durante la visualización debes tener claridad y mantener al margen los pensamientos negativos que puedan aparecer.

Recuerda que al igual que podemos entrenarnos a nivel físico, también lo podemos hacer a nivel mental. Ya conociste la estrategia chamánica y la importancia de frenar nuestras quejas y críticas. Entrénate en el pensamiento positivo, trabaja en ti. No hay nada mejor que trabajar en uno mismo, porque ya sabes que lo que piensas y sientes crea tu realidad. Cuando eres capaz de controlar tus pensamientos y tus estados de ánimo, empiezas a vibrar en la frecuencia de tus sueños. No dejes que la vida que vives ahora te impida soñar. Lo puedes perder todo menos la capacidad para imaginar, para soñar. No dejes que te arrastre tu pasado, tú hoy puedes decidir lo que quieres lograr.

Eres un ser único y excepcional. Viniste aquí para brillar, para ser auténtico y para ser feliz. Ámate tal y como eres, porque eres único. Permítete recibir todo lo bueno que te trae la vida, porque te mereces esto y más. Ahora sabes que lo que piensas, sientes y vibras es lo que atrae hacia ti unas cosas u otras. Quiérete, trátate con cariño, eres un ser valioso.

«No hay límites, los límites solo existen dentro de nuestra propia mente».

Ernest Holme

COSAS IMPORTANTES EN EL PROCESO

CLARIDAD DE PROPÓSITO U OBJETIVO

Vamos a definir claramente qué es lo que quieres lograr. Coge libreta y bolígrafo y escribe con todo lujo de detalles lo que deseas incorporar a tu vida, los cambios que quieres manifestar en tu realidad. Escribe lo que es perfecto para ti. Puedes plantear diferentes apartados. Un apartado para las relaciones y el amor, donde puedes describir tu relación con tus hijos, familiares y amigos; tu relación de pareja perfecta, y si aún no hay nadie que ocupe ese lugar en tu vida, escribe cómo te gustaría que fuera esa persona. Detalla qué te aportaría como persona y cómo te haría sentir. Describe como sería tu vida laboral y económica. Explica como sería tu trabajo perfecto, la relación con tus compañeros, cómo te haría sentir tener este puesto. Explica cómo te sientes teniendo una vida tranquila, sin problemas económicos. Detalla bien cuáles son tus sueños. Escribe también a nivel de salud, como estarás, cómo te sentirás tanto a nivel físico como emocional.

Todo esto no lo escribas como si en un futuro tuviera que llegar. Se escribe todo en presente. Describirás todas tus metas y sueños como si ya estuvieran presentes ahora mismo en tu vida. Escribe como si le contaras a alguien todo lo que posees actualmente.

Vincula emociones en el texto, como: «Doy gracias de…», «Me siento inmensamente feliz de disfrutar de…».

Tómate tu tiempo y detalla bien todos tus sueños. Mientras los escribes, siéntelos como si ya fueran reales, crea ya la imagen en tu mente. Una vez lo tengas terminado, vuelve a escribirlo, pero con la mano no dominante. Si eres zurdo, con la mano derecha y viceversa. Cuando termines, da las gracias por anticipado, da las gracias por tener ya todos tus objetivos presentes en tu vida. Guarda este papel en algún lugar donde nadie pueda leerlo.

Una vez tengas bien claro y detallado qué es lo que deseas, ya puedes empezar a visualizarlo y a evocarle emoción. Tantas veces como quieras y sobre todo por la noche y por la mañana. Mantén a raya tus pensamientos negativos e intenta vibrar en tu sueño, como si ya estuviera presente en tu vida.

NO CUENTES TUS SUEÑOS

¿Recuerdas cuando te explicaba la importancia de las personas que nos rodean ¿Recuerdas la importancia de las expectativas que tienen otras personas sobre ti?

Recuerda que cuando explicas tus sueños a terceras personas, las expectativas que ellas tengan sobre si lo vas a lograr o no, tendrán un efecto directo en ti. Es lo que se conoce como el efecto Golem. Aquí es cuando la famosa frase «El camino del guerrero empieza en soledad» cobra sentido.

Uno de los factores importantes es estar rodeados de personas que te inspiren, que te reten a crecer y te empujen a lograr tus sueños pero en los inicios normalmente no es el caso. Cuando partes de una vida con complicaciones, no sueles estar rodeado de muchas personas que te empujen a crecer. Recuerda el primer círculo de la estrategia chamánica. Si tienes la suerte de tener a algunas personas en este círculo, ellas serán las que te ayudarán a avanzar, pero recuerda que todo depende de ti.

Somos la media de las cinco personas con las que pasamos más tiempo, la inteligente frase de Napoleón Hill, nos lo deja bien claro. Cuanto compartes tus sueños con personas que no tienen la misma vibración que tienes tú en este momento, no te van a empujar. Normalmente te animarán a que frenes, a que esperes, a que abandones. Seguramente te dirán que toques de pies en el suelo, etc. Pero lo que te dicen no es lo importante, lo importante es la expectativa que crean de ti.

La mayoría de personas necesitan ver para creer y hasta que no vean resultados no respaldarán tu visión. Cuando te hunden, no son ellos los que están hablando, si no su programación. No lo tengas en cuenta, que no te afecte. **Pero tú ya sabes que funciona al revés, necesitamos creer para ver.** Primero crea tu visión y protégela de la duda de las otras personas. Imagínate tu imagen de poder como un ser vivo que está creciendo dentro de ti y tu como una madre que lo protege. Normalmente las mujeres no explican que están embarazadas hasta que el embarazo ya está un poco avanzado o hasta que no pueden esconder más su pronunciada barriga.

No dejes que otras personas saboteen tus sueños; suficiente trabajo tenemos con entrenar nuestra mente para que nos lleve hacia donde queremos ir, para permitir que influencias externas entorpezcan más nuestro camino.

La visualización es realmente una herramienta poderosa, te va a sorprender la precisión que el universo tiene para hacerte llegar aquello que anhelas. Ya te conté la historia de cómo llegó a mí el piso de mis sueños. Pero no te lo conté todo...

Cuando decidí irme de Barcelona y tuve claro el lugar al que me dirigía, empecé a crear en mi mente la imagen del piso donde viviría. Esto sucedió en Junio, cuando las clases terminaron. Yo quería irme a vivir a la playa y esa no era precisamente la mejor estación para buscar un lugar para vivir en la costa. Regresé a casa de mis padres y empecé mi búsqueda. Poco a poco iba añadiendo detalles a mi visualización: Vivía en un piso antiguo, con grandes ventanales y altos techos, los suelos estaban decorados con bonitas baldosas y me acompañaba una divertida gatita. Esta fue la imagen que creé de mi sueño. Empezaron a pasar las semanas y fui a ver muchos pisos en esa ciudad. Ninguno era el que había imaginado, pero no desistí. Vi como quince pisos pero ninguno era el que yo quería. El verano estaba a punto de terminar y aún no había logrado mi sueño. Recuerdo un día en que me rendí y me dije: «bueno, relájate y confía en que ya llegará». De alguna forma lo solté, me desapegue del resultado.

Al ir pasando las semanas había empezado a despertarse en mí un sentimiento de urgencia. Pronto las clases empezarían de nuevo y no había tenido frutos. Empecé a dudar y cuando me sorprendí con todo este nuevo abanico de sentimientos decidí soltarlo, confiar. Un día, mientras paseábamos por Girona con mi madre, nos detuvimos delante de un escaparate de una agencia de viajes. Nunca había viajado con mi madre y le dije: «¿Por qué no nos vamos las dos juntas a algún sitio?».

Los veranos anteriores había hecho largos viajes, pero aquel verano estaba tan enfocada en buscar el lugar donde viviría mis próximos años que ni lo contemplé. Aunque no lo esperaba, mi madre me dijo que sí. Le dejé que escogiera ella el destino y nos fuimos a Egipto. Estaba tan absorta en las maravillas de ese país que me olvidé por completo de mi objetivo. Un día, mientras fui un momento al camarote, sorprendí a mi madre contando mis hazañas a un matrimonio que habíamos conocido en el crucero. Mi primera reacción fue desviar la conversación, no me gustaba que otras personas supieran lo que estaba haciendo, pero resultó que el hombre era profesor de la Universidad de Barcelona y tenía una compañera que aquel año se jubilaba y contaba con varios pisos en Blanes. Estaba eufórica! No me lo podía creer! Y efectivamente ese era mi piso.

Pocos días después de llegar, quedé con la dueña y me enseñó el piso. Era una edificio antiguo en primera línea de mar. Solo había cuatro viviendas en el edificio, dos ya estaban ocupadas y una había quedado libre hacía poco... pero ¿qué pasaba con la cuarta? Me enseñó el primer piso, era precioso pero al entrar sentí que no era el mío. Entonces le pregunté por el de arriba de todo. Ella me dijo que no lo alquilaba porque tenía que hacer obras. Insistí en que me lo enseñara y efectivamente era el mío. Solo entrar lo reconocí, tenía una magia especial. Recuerdo el olor y el sonido de las olas del mar, recuerdo que colgaban hilos de casi todos los techos, pero era el mío, el que había visto una y otra vez en mi mente. Finalmente llegamos a un fantástico acuerdo: yo lo restauraba y pagaba un alquiler muy inferior durante unos años. Disfruté muchísimo restaurándolo, me llevó meses. Pero aquí no acaba todo...

Uno de mis mejores amigos es veterinario. Cuando me visualizaba en mi piso me veía con una gata negra pequeñita. Le dije que si algún día se enteraba de alguien que tuviera gatitos pequeños me avisara. Un día me llamó y me dijo que una mujer tenía gatitos negros. Era el momento justo, ya casi tenía las obras más grandes hechas y podía irme a vivir a Blanes.

Un día estaba en casa de mis padres cursando una asignatura por Internet cuando escuché un fuerte trueno y el ordenador dejó de funcionar. Intenté recuperarlo pero no había manera. Era invierno y hacía mucho frío. Justo delante de la casa de mis padres había un técnico que arreglaba ordenadores. Cogí la chaqueta y fui a buscarlo. Acurrucada en un rincón de la puerta de entrada a la tienda había una pequeña gatita negra. Le acababan de dar un golpe con un coche y estaba sangrando. Ni entré en la tienda. Cogí a la gata, la puse en el coche y me fui al pueblo donde tiene la clínica mi amigo. Con mucho tacto la curó y cuando acabó le dio la vuelta para ver su sexo. Aún recuerdo lo que me dijo: « El gatito negro de aquella mujer ha resultado ser un macho...justo esta tarde iba a llamarte para decírtelo. Tú andabas buscando a una gatita negra, pero ella te ha encontrado a ti».

CREANDO TU VISIÓN

Lo más importante a la hora de crear una visión poderosa es tener un objetivo único, claro y definido. Empieza por esto. Para vencer las dudas que puedas tener sobre la técnica de visualización, concéntrate primero en un único y claro objetivo. Supongo que ya debes tenerlo. ¿Qué es lo que quieres lograr?

Escríbelo.

Ahora bien, ¿Cómo es de deseable este sueño? El grado de deseo debe ser máximo. Cuando este grado es máximo hace que crees un compromiso con el deseo que quieres en tu vida y ya sabes que cuando te comprometes de corazón, llegarás hasta el final. Nuestro sueño debe poseer un grado máximo de deseo y un grado medio de dificultad. Debe tener una dificultad media al menos al principio, sobre todo si es la primera vez que utilizas esta técnica, ya que si tu objetivo está muy alejado de ti seguramente tardará más en manifestarse. Tienes que creerlo posible, al menos para empezar, ya que si tu mente no lo cree posible no va a ayudarte, te saboteará. Debes llegar al punto en que pienses: aunque sea difícil es posible. No sé cómo pero ¿por qué no?

A la hora de escribir tu logro debes de ser muy específico, como si estuvieras escribiendo un deseo a alguien que va a leerlo y traértelo tal cual lo explicas, por lo tanto incluye todos los detalles posibles. Otra cosa importante es poner una fecha límite. No es lo mismo decir «Adelgazaré diez quilos» que «el día 8 de marzo pesaré 57 quilos». Otro ejemplo puede ser: «El día 20 de septiembre estaré ganando al menos 3000 euros al mes».

Vuelve a escribir tu objetivo poniéndole una fecha:

....

....

Lleva tu logro escrito a todas partes. Puedes plastificarlo y llevarlo en tu cartera y así cada vez que la abras lo verás. Cuando tengas todo bien escrito, tu alma estará preparada para detectar todas las circunstancias que la acercan a lograr tu meta. Recuerda que todo es un proceso, no tengas prisa y mantente en la confianza de que aquello que quieres ya existe para ti. Cuando pierdes la confianza y empiezas a dudar, entras de nuevo en el miedo y en la falta de fe y vuelves a repetir pensamientos negativos engendrados por este miedo. Una vez tienes un objetivo claro, ya puedes crear tu visión. Recuerda todos los pasos para poder visualizar de la forma correcta.

Repasemos:

1. Visualízate en presente como si ya estuvieras disfrutando de tu sueño cumplido. SIENTE que ya lo lograste.

2. Visualízate en primera persona. Tú eres el protagonista, no el observador. No te veas disfrutando de tu sueño desde fuera, entra tú.

3. Introduce elementos habituales de tu presente. Para que la mente lo crea tenemos que facilitárselo. Al introducir cosas habituales no crearemos tanto la duda.

4. Utiliza los 5 sentidos. Aparte de ver, toca alguna cosa, da la mano a alguien, abraza o besa. Dentro de la imagen introduce sonidos; habla con alguien, escucha el canto de los pájaros o algún tipo de música. Saborea alguna cosa; come o bebe alguna cosa e introduce también un olor. Pongamos algunos ejemplos: imagina que quieres atraer el amor a tu vida...puedes crear una imagen con la persona que quieres tener al lado. Puedes imaginarte llegando a casa y que al abrir la puerta escuchas una de tus canciones preferidas. Percibes el olor de una rica comida. Esa persona te ha sorprendido preparándote una cena romántica. Avanzas y le das un fuerte abrazo mientras conversas con él o ella. Os sentáis a la mesa y comenzáis la velada. Otro ejemplo podría ser: imagínate sentado en tu lugar de trabajo tomando un café cuando tu jefe te llama a su despacho. Te dice que te han ascendido y te felicita estrechándote la mano.

Si quieres trabajar en tu salud, puedes imaginarte sano y recuperado, caminando y conversando con alguien por el bosque, mientras hueles sus aromas, tocas algún árbol y te sientes pletórico de energía. Tienes que ser creativo a la hora de crear la visión, tienes que hacerla creíble.

5. Siente la emoción del deseo ya cumplido. Si te es difícil poder sentir la emoción, recuerda que existe la técnica para evocar emociones ya experimentadas a tu visualización. Antes de crear tu visión, recuerda alguna situación pasada que te hiciera sentir de la misma forma, un día en que lograste algo importante en tu vida.

Primero recuerda y evoca la emoción y una vez tengas la emoción, cambia la imagen sustituyendo el recuerdo por tu visión.

6. Mantén la confianza en esa imagen que has creado. Durante el día a día siéntete como si tuvieras ya a la persona amada al lado o como si ya tuvieras el trabajo que deseas, como si ya estuvieses ganando lo que quieres ganar o como si ya te hubieses recuperado de tus dolencias. Aunque tu realidad aún no sea la que quieres, compórtate como si ya fuera la que deseas. Cambia lo que puedas de momento y sobre todo, controla tu mente y tu lenguaje. Recuerda que no puedes vibrar en lo que deseas si a nivel verbal continúas quejándote de la ausencia de ello o si continúas sintiéndote desdichado.

7. Repite tu visión. Hacer la visualización no va a llevarte mucho tiempo. Recrea tu imagen mental al menos unas diez veces al día. Siente intensamente. Cuando más lo repitas más fácil va a ser para ti evocar ese sentimiento. Recuerda que es un entrenamiento y un arte. Cuantas más veces visualices, más rápido llegarás a experimentar esa emoción y más fácil te será mantenerla durante el día. Conviértete en el imán que atrae esto hacia sí.

En este libro te enseñaré básicamente tres técnicas, una es la que acabas de aprender. Las otras dos trabajan de forma diferente pero son también muy poderosas. Una es la técnica de creación deliberada y la otra, el uso de los paneles visionarios o paneles de sueños.

FRENANDO TU MENTE

Vuelve a escribir tu objetivo principal, ese objetivo que deseas intensamente.

....

....

Y ahora, permíteme que te haga una pregunta: ¿Por qué no lo tienes aún? Para poder trabajar el auto-sabotaje y conocer las razones por las qué aún no tienes lo que deseas, escribe todas esas razones que te han frenado de experimentar lo que anhelas:

....

....

....

....

Todas estas razones no son más que tus creencias limitantes que te frenan y te sabotean a la hora de ir detrás de tus sueños. Ya sabes que se juega un partido desigual; en un equipo juegan 10 y en el otro 90. La suma de este 10% que pertenece a tu mente consciente y el 90% que pertenece a tu mente subconsciente da como resultado tu vibración. A estas alturas ya sabes que por mucho que te repitas a nivel consciente lo que quieres lograr, si tus pensamientos subconscientes no te acompañan, difícilmente lo lograrás. Todas estas razones que has escrito son las responsables de frenarte y las responsables de que no tengas lo que quieres tener. Fíjate en que siempre se repiten y que el miedo es el fondo de casi todas ellas ¿verdad? Todos esos miedos e inseguridades son unos guardianes despiadados que no dejan entrar las cosas que queremos a nuestras vidas.

En este mismo instante dentro de ti tiene lugar este partido tan desigual. Hay una lucha para ver qué equipo gana: el equipo del consciente o del subconsciente. Por lo tanto, tenemos que poner toda nuestra atención en el equipo subconsciente, en todas esas creencias que nos limitan. Es por este motivo que aunque los sueños cambien, las personas repiten patrones una y otra vez. Los patrones del equipo dominante.

Ahora imagínate que pudiéramos fichar a los jugadores del equipo dominante y llevarlos al equipo consciente. Podemos tener más jugadores en el equipo consciente cuando podemos darle a nuestra mente lógica más argumentos para que crea que nuestro sueño es posible. Lo primero que vamos a hacer es eliminar las creencias que bloquean tu avance. ¿Cómo lo haremos? Puedes usar las tablas de preguntas de «La magia que duerme en ti». ¿Recuerdas? Primero tenemos que cuestionarnos estas creencias, hacer que pierdan fuerza y después introducir nuevas pautas o referencias.

Las preguntas eran: ¿De quién aprendí yo esa creencia? ¿Cuáles son los resultados de esa persona en el área concreta de esa creencia? ¿Qué me va a costar a mí mantener esa creencia? ¿Qué va a costar a mis seres queridos mantener esa creencia? Recuerda que por el mero hecho de cuestionar esas creencias ya les estás quitando poder y al ver el coste que se deriva de ellas, a no ser que las cambies, también les estás vinculando un dolor. Ya sabes que el ser humano hace lo que sea para evitar el dolor. Cuando puedes ver el precio que estás pagando por seguir manteniendo unas creencias que te limitan totalmente y te perjudican, sientes dolor.

De la misma forma que con estas preguntas desmontas tus creencias, tienes que crear nuevas referencias, así que pregúntate lo siguiente:

¿Hay alguna persona que tenga lo que tú deseas o haga lo que tú quieres hacer?

....

¿Cuántas personas hay? ¿Cuánta gente hay que lo esté haciendo?

....

Plantea las razones por las que aún no tienes lo que quieres y somételas a todas estas preguntas. Después de interiorizar que mantenerlas te hace infeliz y te crea dolor, haz que tu mente entienda que si alguien tiene o hace lo que tú quieres, tú también lo puedes lograr. Y voy a decirte otra cosa...si aún no hay nadie que lo haga, ¿por qué no ser tú el primero? Piensa que nuestra mente acepta nuestras creencias porque tiene suficientes referencias (propias y externas) que las refuerzan. Cuando nosotros podamos dar referencias que aporten poder a nuestro sueño, idearemos creencias capacitadoras. Nuestro subconsciente es un «tipo» sin una pizca de sentido del humor, él solo acepta lo que entra, no lo cuestiona ni discierne.

Escribe tu objetivo y todas las referencias que puedas encontrar que refuercen tu sueño y llévalo contigo en tu cartera; de esta manera, cada vez que la abras lo verás. Date permiso para recibir todo aquello que deseas. Despide a esos implacables guardianes que bloquean el paso de todas las cosas maravillosas que esperan encontrarte. Empieza el texto con la palabra «ACEPTO».

Recuerda que creamos creencias por repetición; cuantas más veces te repitas tu sueño, cuantas más veces veas el papel donde está escrito, mejor. De la misma forma, nuestras creencias son aceptadas por nuestra mente porque tienen suficientes referencias que las respaldan, así que busca referencias acerca de todo lo que te pueda ayudar y de este modo podrás llegar a convencer a tu mente de que esto también es posible para ti.

Detectar nuestras creencias es un trabajo sencillo; solo tienes que fijarte en cómo te sientes y observar a tu alrededor tu realidad. Como es dentro es fuera, así de simple. Una cosa es lo que crees en realidad (creencias), otra cosa lo que piensas que deberías creer y otra lo que crees que crees.

La humildad es una gran virtud. Muchas veces pensamos que ya lo sabemos todo, que sabemos cómo debemos proceder y no es así. En mi caso había leído muchísimo pero aún no sabía aplicarlo de forma eficaz en mi vida y mi realidad me lo mostraba a diario. Las preguntas que me hice fueron las siguientes: «Qué refleja mi realidad?» ¿Es lo que quiero? Si no es lo que quiero significa que aún tengo mucho que aprender y muchas cosas que trabajar.

Cuando desde la humildad ves los resultados, te das cuenta de lo que de verdad sabes y de lo que pensabas que sabías pero en realidad no sabías. Es importante aprender a controlar nuestro ego, nuestra importancia personal. Debemos aprender a amarnos a nosotros mismos y a ser capaces de decirnos la verdad, actuando desde el amor, en lugar de hacerlo desde el miedo. A veces es duro reconocer que las cosas no van como deberían ir o como quisiéramos que fuesen. Nos enfrentamos al dolor. Ese dolor que tratamos de evitar a toda costa. De nada sirve actuar, fingiendo que todo va bien, intentando desviar la atención de todas aquellas cosas que nos hacen daño y nos angustian.

Cuando te paras y desde la humildad y la sinceridad observas tu vida, es como si te dieran una fuerte bofetada. Muchas veces esta bofetada es la que te hace despertar, es la responsable de hacerte actuar. ¿Recuerdas cuando te contaba que cuando eres consciente de todo lo que está pasando a tu alrededor y te das cuenta de que eres el responsable, ese dolor es el que te sirve como trampolín para la acción?

¿Cuantas personas viven en este ficticio dulce letargo? Todos saben lo que está pasando, pero para evitar el dolor que les causa viven de una forma adormecida, intentando estar distraídos con otras cosas para no ver la dolorosa realidad. Muchas personas piensan que todo cambiará, que todo se solucionará...pero hasta que no pongan de su parte y tengan la intención de cambiar aquello que tanto les duele, no sucederá.

Despierta ¿que es lo que te duele en el alma? Ahora ya tienes muchas herramientas para poder cambiar aquello que te crea dolor. Deja de vivir tus miedos. Cuando te pones manos a la obra, todo cambia. Ya no tienes que obviar el problema porque estás trabajando en él. Puede ser doloroso, puede ser difícil pero ahí estás, ya no necesitas hacer ver que no ocurre nada. Sabes lo que hay y estás empezando a buscar soluciones.

¿Cuántas personas padecen de insomnio? Por la noche, cuando vamos a dormir, nos encontramos conectados intensamente con nuestra alma. Ella nos dice todo lo que no está bien, lo sentimos. Volvemos a experimentar ese dolor en el cuerpo, la tristeza que ello nos crea y empezamos a dar vueltas. Recuerda que es un mal lugar y una mala hora para estar enfocados en los problemas que podamos tener. Muchas personas necesitan tener la radio encendida para poder dormir. Si están centrados en lo que oyen pueden hacer callar a la vocecita interna que les está diciendo ¡Haz algo! ¡Así no puedes continuar! Muchas personas me han explicado que necesitan dormirse mirando el televisor o escuchando la radio. Otro problema frecuente es que los programas de radio que hacen a estas horas, son una fuente de malas aguas. Normalmente son programas donde las personas llaman para explicar sus penas y por si no tienen suficientes con las suyas, se duermen con las de otras personas.

Cuando hayas decidido coger el toro por los cuernos, tus pensamientos serán diferentes. En lugar de intentar disculpar o justificar los problemas que puedas tener, estarás enfocado en buscar las mejores soluciones y en cómo llevarlas a cabo. Recuerda la importancia de las noches, de esos momentos previos al sueño. Tu alma viaja al mundo de las variables mientras estás dormido. Tu alma por las noches puede liberarse de la presión física y viajar a ese mundo cuántico donde ya existen todas las posibilidades imaginadas para ti. Cuando permaneces enfocado en tu realidad actual y en los problemas que puedas tener, esta es la información con la que partirá tu alma. Si permaneces enfocado siempre en las mismas cosas, no es de extrañar que siempre acabes experimentando lo mismo ¿verdad?

Lo que pienses el último minuto antes de quedarte dormido es con lo que tu alma va a trabajar.

Ya sabes que cuando dices tus frases de poder o declaraciones y no estás muy convencido, experimentas un sentimiento de incoherencia. Este sentimiento está creado por la interferencia que crea tu mente consciente, que te hará dudar y te confundirá. Esta confusión se verá reflejada en tu mundo con resultados poco claros. Cuando la actividad de tu mente consciente está disminuyendo es el momento de dar los mensajes correctos a tu mente subconsciente y a tu alma. Para que sea más fácil y no haya resistencias puedes usar palabras que representen lo que quieres como: amor, abundancia, éxito, salud, bienestar, felicidad...utiliza estas palabras a modo de mantra antes de dormirte, si quieres tener éxito, salud, dinero o amor. Duérmete repitiendo lo que quieres.

Piensa que aquello con lo que te conformes será lo que tendrás. No hay nada malo en ser feliz con lo que tienes mientras persigues lo que quieres. El estar conformes también es una creencia, aprendemos a conformarnos. Aquello con lo que te conformas viene ligado a aquello que tú crees que mereces. Muchas veces nos hacen sentir culpables si queremos más, si queremos tener más éxito, si queremos tener más amor, si queremos tener más dinero o estar más sanos y en forma. Muchas personas te dirán: «¡Pero si tú ya estás muy bien…!», «No sé porque vas al gimnasio si ya estás en forma», «No entiendo por qué haces dieta si ya estás bien», «¡Qué ganas de complicarte con el buen trabajo tienes!», etc. El problema de conformarnos es que en el fondo no nos sentimos merecedores. Cuando dices tus frases de poder delante de un espejo y mirándote a los ojos ¿qué sientes? ¿Qué sientes cuando te dices: «Soy valioso y me merezco lo mejor»? Escribe los pensamientos y emociones que surgen cuando te haces afirmaciones de este tipo.

Es muy importante que alimentes la creencia de que eres merecedor de lo mejor. Cuando no nos creemos merecedores es cuando nuestros deseos empiezan a asomar la cabeza y creamos auto-sabotajes para que no lleguen a nosotros. Estamos reafirmando la creencia de que nosotros no nos merecemos aquello que estaba llegando. Alejas a buenas personas de tu lado, pierdes oportunidades, te haces daño, te pones enfermo o fallas repetidas veces. Pero todo esto no eres tú, todo esto es tu programación. Los responsables de todas estas circunstancias son los viejos archivos que aún están presentes en tu mente.

Lo lejos que llegarás en la vida dependerá de cómo te ves y de lo que sientes. Mírate a los ojos y repite las frases de poder que ya conoces: «Yo soy valioso», «Me merezco lo mejor», «Me amo». No sé como está tu autoestima, pero empleando estas afirmaciones habrá cambios en ti. Ya te conté que yo era una persona muy tímida y con una autoestima baja. Recuerdo que cuando era jovencita e iba a la peluquería, tenía vergüenza hasta de mirarme en el espejo. Caminaba por la calle con la cabeza gacha. Cuando empecé a decirme, mirándome a los ojos, que era bonita, que era valiosa y que me merecía lo mejor, me costaba mucho, pero cuanto más lo repetía más bajaba mi sentimiento de incoherencia. Y es que todos nos merecemos lo mejor, ¿por qué tú no?

Cuando estaba estudiando en Barcelona tuve la gran suerte de conocer a un grupo de personas maravillosas. Durante dos años conviví con cinco compañeros muy espirituales, pero casi todos estaban mal. Y es que hay quien cree que la espiritualidad está reñida con ir detrás de lo que anhelas. Recuerdo con mucho cariño a una gran amiga. Muchos días, cuando no podía más explotaba y empezaba a llorar. Tenía un conflicto de valores. Por un lado no vivía la vida que quería y por otro lado se decía que todo estaba bien y que tenía que ser feliz con lo que tenía. Estoy de acuerdo con la idea de ser agradecido y estar feliz con lo que se tiene, pero esto no se contradice con que uno quiera expandirse, tener grandes sueños e ir detrás de ellos.

La imagen que tienes de ti mismo es lo que determinará todo en tu vida. Es hora de que cambies la imagen que ves en el espejo. Recuerda que tienes que ser la persona que quieres ser, la persona que ya logró lo que desea. Tú no eres lo que las otras personas dicen que eres, tú eres lo que tú mismo te dices ser. Este poder es tuyo, de nadie más. Las personas ven la realidad de formas distintas, dependiendo del prisma que tienen. ¿Cómo puede ser que alguien te diga que eres de una forma y otra persona afirme que eres todo lo contrario?. Deja de hacer caso a las voces ajenas y a sus opiniones. La única persona que sabe cómo eres, eres tú mismo. No naciste siendo valioso o no valioso; no naciste siendo un triunfador o un perdedor. No puedes permitir que tu valor esté determinado por los demás, por lo que opinen de ti o por cómo te traten.

«Trabaja el merecimiento». Fue de las primeras frases de poder que escribí en «La magia que duerme en ti» y es vital, porque si no te sientes merecedor estás creando muros a tu alrededor que no dejan pasar las cosas que deseas. Para trabajar con el merecimiento, escribe diez razones por las que te sientes merecedor de obtener lo que quieres:

....

....

Cuando dudes, saca la lista y mira los motivos por los que te mereces tener lo que deseas.

ENFOQUE EN TU SUEÑO

Ya tienes claro lo que deseas y por otro lado estás trabajando sobre estos muros del «no merecer» para abrir una gran puerta por donde puedan llegar a ti un sinfín de cosas maravillosas. Ahora vamos a hablar del enfoque, de la priorización de tu objetivo, ya que cuando no nos enfocamos en nuestro sueño y nos mantenemos dispersos, los resultados que nos llegan son a veces aleatorios.

Piensa que el alma es atemporal, nosotros nos movemos en un plano donde el tiempo es lineal. El pasado está detrás, el presente ahora y el futuro se sitúa delante. Pero para el alma, pasado, presente y futuro están ocurriendo al mismo tiempo.

Nosotros somos mente-cuerpo, alma y espíritu. El espíritu es la fuente, el universo, Dios. Es el que lo crea todo, primero en su plano para después ser reflejado en el nuestro. Es el proyector de nuestra realidad. Es en este campo donde existen todos los potenciales para ti, allí se crean para después ser materializados. El alma se encuentra a medio camino entre nuestro cuerpo físico y nuestra mente y el espíritu o universo. Ella es la encargada de llevar el mensaje al universo de qué es lo que tiene que crear. El alma escucha los mensajes que le llegan a través de nuestra mente consciente y subconsciente y determina qué es lo que ella va a transmitir. El gran problema es que no hay claridad y constantemente nuestra mente consciente y subconsciente entran en grandes debates. Estos dos interlocutores discuten sobre qué es lo apropiado para nosotros. Es cuando se ponen de acuerdo cuando pueden dar un mensaje a nuestra alma y hacerlo llegar a este mundo de variables.

Nosotros estamos en contacto con nuestro mundo a través de nuestra mente y de los cinco sentidos. Nuestra mente capta nuestra realidad y transmite esta información a nuestra alma y esta a su vez al universo. ¿Qué es lo que pasa? Nuestra mente se fija en lo que ve, en todo lo que experimenta y esta información es la que transmite al universo y él continúa creando una y otra vez la misma realidad. Mientras no salgamos de aquí iremos repitiendo constantemente lo mismo, iremos recreando una y otra vez la misma realidad. Pero ya sabes que el cerebro es incapaz de distinguir entre lo que está pasando en realidad o lo que creamos en nuestra imaginación. Cuando puedas crear tu sueño en tu mente y evocarlo una y otra vez, haciendo que tu mente lo crea real, tu alma va a llevar el mensaje a este mundo de variables donde será creado.

Por el hecho de que nuestra alma es atemporal, nuestro objetivo puede llegar en unas semanas o en años. Es importante que prioricemos, que pongamos todo nuestro foco en lo que queramos lograr. Nuestra alma solo transmite el mensaje, no juzga. Cuando priorizamos y ponemos toda nuestra atención en lo que deseamos, estamos dándole a entender que es una información importante dentro del mar de informaciones que maneja.

Debes estar centrado en tu objetivo y tenerlo clarísimo, porque si un día piensas una cosa y al cabo de dos días decides que quizás sería mejor otra, estás dispersándote. Tenemos que ser concisos, nuestra atención debe ser como un láser, concentrada en un solo punto. El ser humano no puede mantener mucho tiempo la atención en una sola cosa, unos segundos únicamente. Piensa que nuestra mente está bombardeada de información, los estímulos que le llegan a lo largo del día son muchísimos. Por este motivo, vamos a tener que trabajar una vez más con la repetición.

Ahora vas a anclar tu sueño, vas a dar la información para que tu alma seleccione esa variable para ti. Si te cuesta mantener la atención por mucho tiempo, puedes utilizar un mala budista para crear ese molde. Un mala vendría a ser como un rosario. Está hecho de cuentas esféricas, generalmente de madera y es usado en la tradición budista para recitar mantras. Está formado por 108 cuentas que juntas forman una especie de collar que puede colocarse en el cuello o que puede usarse sosteniéndolo entre las dos manos. El mala está dividido en cuatro partes exactas y tiene una cuenta más grande que es la que marca dónde se inicia y dónde se termina. Puedes usar el mala para repetir 108 veces tu objetivo. Te recomiendo que lo sostengas en tus manos para trabajar de forma más cómoda. Cada vez que repitas tu objetivo haz girar una cuenta hacia el exterior y así sucesivamente hasta terminar. Normalmente se gira el mala en sentido horario, hacia la derecha. Busca un momento tranquilo y cada vez que gires la cuenta repites en voz alta tu objetivo. El hecho de estar girando la cuenta te hace tener total atención en el presente y en lo que estás diciendo. Repetir 108 veces tu objetivo en voz alta con total concentración hará que se seleccione esta variante y que se cree el molde para poder ver tu sueño realizado. Así que hazte con tu mala y busca un momento para poder realizar el anclaje de tu deseo. Si quieres practicarlo más veces, perfecto, recuerda que cuanta más intención y más enfoque más pronto verás resultados.

Hasta ahora has conocido el poder de la visualización, aprendiendo a crear una imagen mental de tu sueño. Has escrito tu objetivo de forma clara y concisa y a través del mala lo has anclado.

Ahora te faltará trabajar con los paneles visionarios y la técnica de creación deliberada. ¿Recuerdas al principio del libro cuando te decía que estamos bombardeados de información y no somos ni siquiera conscientes de ello? Como la historia del perrito fotografiado en un fondo de pantalla... De la misma forma que debemos tener control sobre la información que no queremos dejar entrar en nuestras vidas, podemos trabajar a nuestro favor. Y esto es lo que vamos a ver a continuación...

LOS PANELES DE VISIÓN

Todo lo que nos rodea tiene un efecto sobre nosotros, estamos condicionados por informaciones subliminales y ni siquiera somos conscientes de ello. ¿Recuerdas cuando hablaba de la importancia de nuestro entorno? ¿De nuestra casa y amistades? Aunque no dispongas del presupuesto para dejar tu casa fantástica, intenta arreglar las cosas que están estropeadas y que ves día a día. No hace falta que compres muebles caros para tu casa pero sí que la llenes con cosas bonitas y que te hagan sentir bien. Si quieres atraer abundancia no puedes permitir que haya cosas rotas, goteras o armarios que se desarmen porque toda esta información que recibes es de escasez. Si aún no lo has hecho, ordena tu casa, ya que esta es un reflejo tuyo y cuando puedas rodearte de cosas que amas y tirar todas aquellas que no quieres, lo notarás.

Los paneles de visión te servirán para que las informaciones que pongas en ellos vayan entrando en tu vida. Coge un panel de corcho y pega en él cosas relacionadas con tu deseo. Normalmente se usan estos paneles para «pedir» todo lo que se desea. Se pueden poner fotos de los lugares a los que quieres viajar, fotos de las cosas materiales que quieres tener, un dibujo o descripción de la persona que te gustaría tener como pareja, frases que te motiven, etc...

Como te comentaba hace un momento, es vital que priorices tu objetivo, por este motivo vas a crear un panel visionario que potencie tu sueño. De esta forma reforzarás tu único objetivo. Por ejemplo, si tu deseo es tener ese trabajo que tanto te gusta, imprime fotografías relacionadas con este y la vida que llevarás entonces. Si con este nuevo trabajo ganarás más dinero y más tiempo para estar con tu familia, pon imágenes que lo muestren. Si tu deseo es ganar más dinero, cuelga un cheque a tu nombre con el importe que deseas ganar y cosas que puedas relacionar con este aumento de ganancias. Si lo que quieres es tener una pareja, pon fotografías o dibujos de personas abrazadas, dibuja y describe como te gustaría que fuera, escríbete una carta como si procediera de esa persona que estás esperando. Pon imágenes de cosas que te gustaría compartir con esa persona tan especial. Si quieres adelgazar y ponerte en forma, utiliza imágenes de personas con el cuerpo que quieres llegar a tener, pon una imagen de una báscula que indique el peso que vas a lograr y todas esa ropa que te encantaría ponerte pero que actualmente no te atreves.

Crear un panel de visión es fácil y divertido, no te llevará mucho tiempo y vas a disfrutarlo. Utiliza imágenes tuyas de momentos felices vividos y frases que te inspiren y te den poder. Crea una pequeña obra de arte. Pon este panel a la vista y esta información irá penetrando en ti. Sé creativo y utiliza todas aquellas cosas que crees que puedan ayudarte a lograr tu objetivo. Durante el día párate unas cuantas veces y observa detenidamente todo lo que has puesto allí. Recrea la emoción de que esto ya está en tu vida, vibra en la frecuencia de lo que tan bien has plasmado.

Es una técnica fácil pero eficaz. Piensa que la repetición con emoción es la responsable de seleccionar la variante que tu deseas y llevarla a tu vida. Una vez oí una historia de un hombre que creó su panel de sueños. En él puso todo lo que en aquel momento quería. Puso imágenes relacionadas con el dinero, con el amor, con la salud, con su carrera profesional y puso la imagen de una casa que había visto en una revista y le llamó mucho la atención. Este hombre vivía en Estados Unidos. Efectivamente su empresa siguió creciendo y expandiéndose, lo que lo obligó a vivir en diferentes estados. Al cabo de unos años, este hombre decidió buscar un lugar estable para vivir y juntamente con su familia fueron a visitar varias casas. Toda la familia se enamoró de una gran casa con columnas y una arquitectura un tanto peculiar. Cuando días después estaban instalándose en la casa y sacaban las cosas de las cajas, el hijo menor fue corriendo hacia su padre para mostrarle una cosa que había encontrado. Revolviendo una vieja caja, el niño había encontrado uno de los paneles de sueños de su padre y allí en el centro, había la foto de la casa donde se encontraban en aquel preciso momento.

Con estos paneles sembramos con imágenes todo lo queremos recoger. Se creativo, usa colores y frases que te inspiren. A nuestra mente le gustan las imágenes y sobre todo las imágenes con colores llamativos. Si quieres algo muy concreto y puedes sacarte una foto en la que aparezcas tú con lo que quieres, mucho mejor. Si quieres montar un negocio pon fotos del tipo de negocio que deseas y escribe detalladamente todo lo que harás y todo lo que tendrá. Debajo de las fotos que pongas escribe de tu puño y letra las emociones que sentirás al experimentar este sueño.

Escribe el QUÉ y el POR QUÉ. Escribe también algunas de las razones por las que te mereces todo lo que deseas. Sé conciso con lo que quieres, específico. Una chica contaba que puso en su panel de los sueños una imagen desde dentro de un helicóptero. Ella puso esa imagen relacionándolo al hecho de tener mucho dinero y poder así volar en helicóptero. Al cabo de un tiempo la llamaron del periódico en el que trabajaba para que fuera a realizar unas fotos (desde un helicóptero). Fue entonces cuando se dio cuenta de que debía ser más específica a la hora de seleccionar las fotos y pedir lo que deseaba.

Mira tus fotografías y frases y conéctate con las emociones que sientes al tener ya todo lo que ves. Observa tus fotos y recrea esa emoción en tu corazón. Cierra los ojos y piensa en la visualización que ya creaste. Siéntela intensamente y da las gracias porque esto ya se te ha concedido.

LA TÉCNICA DE CREACIÓN DELIBERADA

En esta última parte del libro vas a conocer la potente técnica de creación deliberada. Ya sabes que la forma correcta de pedir es a través del sentimiento, sintiendo lo que estás pidiendo como si ya hubiera sido correspondido, como si ya estuvieras disfrutando de ello.

Es gracias a este sentimiento creado con el que entramos en contacto con la fuente o universo. Este campo energético responde al sentimiento de nuestros corazones. Esta forma de «pedir» no está enfocada en lo que puede ser una forma de orar, donde hay un ruego: «Dios dame salud», «Dios dame trabajo»...Este método nos propone que sintamos el resultado de nuestra petición, como si ya fuéramos dueños de aquello que queremos, con paz, confianza y amor. Porque cuando podemos experimentar este sentimiento de paz en nuestra vida, cuando podemos estar en paz en nuestro mundo, cuando podemos sentir la salud y el amor fluyendo hacia nosotros y hacia nuestros seres queridos, justamente esto que sentimos será lo que se nos dará devuelto. El universo nos responderá como si fuera un espejo. Aquello que le mandemos a través de nuestros sentimientos será lo que veremos llegar de vuelta, dando vida a esos cambios en nuestro mundo.

Ya conociste la ley de vibración y eres totalmente consciente de la importancia de tu vibración y de como ella afecta a tu realidad. Todo en el universo está vibrando; seguramente ahora estás sentado en una silla o sofá pero si los mirases al microscopio verías que en realidad lo que te está sujetando es nada, es tan solo energía, una danza infinita de moléculas. Todas las cosas que puedes ver e imaginar, están compuestas por millones de átomos en movimiento, al igual que nosotros. Absolutamente todo es energía. En nuestro mundo físico se usan los términos de átomos, moléculas, iones, etc, mientras que en el mundo metafísico se estudia en términos de ondas.

Tú emites una vibración, cada una de tus células vibra a esa frecuencia, del mismo modo que cualquier cosa que te rodea posee también una vibración específica. Debes adaptar tu vibración a la de las cosas o circunstancias que quieras atraer a tu vida. Ya sabes que las vibraciones semejantes vibran juntas. El trabajo de tu sueños tiene una vibración, la pareja ideal para ti tiene una vibración, ese estado de salud plena tiene también su propia vibración. Cambia tu vibración, empieza a vibrar con tu sueño. Crea en ti la vibración de la persona que ya tiene aquello que en este momento estás pidiendo. Conviértete ya en la persona que tiene lo que quieres, en este tu futuro. Conviértete ya en el que serás y entonces tu vibración irá atrayendo hacia ti precisamente aquello afín a la vibración que has creado. Recuerda que en el mundo metafísico ya existen infinitas variables para ti, solo tienes que seleccionar la que quieres experimentar y a través de tu vibración atraerla a tu realidad.

> *«Todo se halla en nosotros como posibilidad, como potencial; solo espera que lo percibamos. La percepción es un proceso que crea realidades».*
>
> *Klaus P. Mecidus*

Es cómo si fueras en el coche y quisieras sintonizar una emisora de radio concreta, si no estás en la misma frecuencia no lo conseguirás. Si la emisora está en el 98.8 y tú sintonizas el 103.3 no podrás escucharla. Y este ejemplo es aplicable a todo; debemos emitir una vibración concreta para sintonizar con la que queremos atraer. Vibra en lo que quieres experimentar, gana consciencia de tus sentimientos y tus vibraciones y cámbialas si estas no son afines a lo que quieres. Conviértete en la persona que quieres ser.

«No atraemos lo que queremos sino lo que somos».
James Allen

Permíteme compartir una historia inspiradora de Gregg Braden, científico estadounidense autor de libros de divulgación espiritual de gran impacto tales como La matriz divina o La verdad profunda:

«Durante los años 90 en el desierto al sudoeste de Estados Unidos, se encontraban en medio de una terrible sequía. Un nativo americano amigo mío me invitó para que lo acompañase a un lugar en el desierto cerca de Nuevo México, para compartir una plegaria por la lluvia. No tuvo que preguntarme dos veces, le dije que me encantaría participar y ver de qué se trataba. Así que nos encontramos en las montañas del desierto, en una zona de más de 40.000 hectáreas, con bellísimas montañas. De allí fuimos a un lugar tan antiguo que incluso los nativos de hoy no saben quién lo construyó. Era esencialmente un círculo de piedras, donde cada piedra parecía estar allí desde sus orígenes. Fue en este lugar donde mi amigo comenzó su plegaria. Lo que hizo fue sacarse los zapatos, entrar en el círculo con los pies descalzos y comenzar a llamar a todos sus ancestros hacia las cuatro direcciones. Luego me dio la espalda con sus manos en pose de oración solo unos segundos. Se dio la vuelta y me dijo: «tengo hambre, vamos a comer alguna cosa» a lo que yo le dije: «Creí que íbamos a compartir esta plegaria, que íbamos a rezar para que lloviera». Él me miró y me dijo: «No, porque si rezamos PARA que llueva, no va a llover. Porque en el momento en que rezas PARA que algo ocurra, estás sintiendo que no existe en ese momento». Me quedé pensando porque tuvo mucho sentido. Si yo digo: «Dios, que haya paz», lo que estoy diciendo es que en ese momento la paz no está ahí y estoy proyectando justo lo contrario a lo que mi plegaria pedía. Así que le pregunté a mi amigo: «Si no pediste la lluvia ¿qué fue lo que hiciste?, ¿qué ocurrió cuando cerraste los ojos?. Él me respondió lo siguiente: «Cuando cierro los ojos, empiezo a evocar ese sentimiento, de cómo se siente la lluvia en nuestro pueblo y recuerdo cómo huele el aire a tierra mojada y siento cómo mis pies se mojan y se hunden en el lodo...hay mucho lodo porque está lloviendo mucho. De esta manera abro la posibilidad de traer lluvia a nuestro pueblo».

Esa tarde, algo increíble sucedió... Estaba mirando el mapa meteorológico, que había estado sin nubes por mucho tiempo y de repente cambió. Veía que los sistemas de alta presión se movían y apareció una depresión en Colorado y Nuevo México. Tuvimos lluvia esa noche y siguió por varios días. Así que llamé a mi amigo y le dije: «Ha llovido mucho y los ríos se han desbordado...¿Qué ocurrió?» Se quedó en silencio y luego contestó: «Esto es parte de la plegaria, no puedo explicar qué es lo que sucede». Así que no tengo manera de validar científicamente que mi amigo y su plegaria tuvieran que ver con la lluvia, pero la correlación es tan alta y vemos la correlación tantas veces, que sabemos que hay un efecto».

Es importante aprender a sentir, aprender a evocar esos sentimientos de manera intensa. Cierra tus ojos y vive esa emoción en ti, siente como irradia a través del cuerpo, cómo la lanzas al universo, como si te hubieras convertido en una gran antena. De la misma manera que es vital que aprendamos a sentir, también lo es ganar consciencia y claridad de qué es lo que estamos sintiendo. Me explico: En nuestro día a día interactuamos con el mundo que nos rodea de forma inconsciente, reaccionamos a estímulos sin pensar, en modo automático. Muchas veces estamos tan inmersos en la rutina diaria que nos somos conscientes de lo que pensamos y menos aún de lo que sentimos. Atraemos con el corazón, con nuestra vibración. Párate algunos momentos durante el día y observa cómo estás, fíjate en qué estás sintiendo. Cuando visualizas, cuando piensas en tu sueño o cuando estás observando tu panel de visión, estás dirigiendo tu atención a tus emociones y a tu vibración pero durante el resto del día debes ganar consciencia sobre cuáles son tus pensamientos y emociones dominantes. Recuerda que nos volvemos adictos a experimentar una serie de emociones, fortaleciendo así esas vías neuronales y sin darnos cuenta experimentamos de manera consistente una y otra vez un tipo de emoción concreta. Toma consciencia de ellas, una vez las destapas y las aceptas, poder cambiarlas es más sencillo.

Cuando estás enfocado en tu sueño te sientes feliz, enérgico, confiado y experimentas la gratitud, pero el resto del día ¿cómo te sientes? Si experimentas emociones de baja vibración, cámbialas, ahora ya tienes suficientes conocimientos y herramientas para hacerlo. Es importante que vayas cambiando todas estas emociones negativas porque por mucho que sientas intensamente en los momentos destinados a crear tu sueño, no puedes olvidarte de todo este trasfondo. Recuerda lo que te decía en «La magia que duerme en ti», empieza a comportarte como la persona que deseas ser, empieza a sentir cómo va a sentir la persona en la que te estás convirtiendo. Adopta ese papel. ¿Quieres ser una persona de éxito? ¿Quieres ser una persona sana y vital? ¿Quieres ser una persona plenamente feliz en pareja? Actúa como tal, conviértete en el imán que atrae esa variable, día tras día, hacia ti. Siéntete ya como la persona que vas a ser. En tu día a día, puede haber momentos en que te sientas dolido, frustrado, enfadado, que empieces a victimizarte, que critiques o te quejes o que te sientas pequeño y desvalido. Estas emociones en las que se entra tan fácilmente pueden ser cambiadas, se pueden desaprender y aprender a experimentar otras diferentes. Todas estas adicciones emocionales las creamos nosotros cuando nos permitimos experimentarlas de forma acentuada una y otra vez, una y otra vez. Reforzando así, estos patrones de conducta.

¡Desenmascáralas! ¿Cuáles son las emociones que más experimentas a lo largo del día?
Escríbelas.

Recuerda el principio de polaridad e intenta neutralizar su efecto. Te conté la historia de una mujer que llegaba a casa por la tarde, cansada y se encontraba con sus tres hijitos llenos de energía. Se pasaba la tarde gritando, hasta que un día se percató de ello y no le gustó en absoluto. Para toda la familia era algo «normal». Me dijo que en aquel tiempo se sentía cansada, frustrada y muy culpable. Ella misma, cuando ganó consciencia de lo que sentía y experimentaba de forma intensa a diario, decidió interrumpir esa pauta de comportamiento. Cada vez que estaba a punto de entrar en ella, se mordía el dedo índice. Creó su propio sistema y de esta manera interrumpió su pauta. Lo importante es que dejemos de reforzar el comportamiento que queremos evitar. Cuando dejamos de repetirlo, se debilita. Esta mujer se mordía el dedo, hay personas que cuentan hasta diez... da igual la forma, lo importante es que las identifiques y que las interrumpas.

«El estado de ánimo decide la suerte de las personas, en lugar de ser la suerte la que decide el estado de ánimo».

Neville Goddard

ES EN EL PRESENTE CUANDO TIENES PODER, es ahora mismo cuando estás creando. Identifica todas tus emociones, todo lo que no quieres experimentar y destiérralo de tu vida.

Mantente firme en lo que deseas vivir. Da igual lo que te digan los demás. Cuando tú sabes quién eres, no tienes la necesidad de demostrar nada a nadie. Cuando tú sabes quien eres, sabes lo que quieres y hacia donde te diriges, no necesitas la aceptación de los demás. Eres un león entre corderos ¿recuerdas la historia? Cuando tú sabes quién eres, no tienes que demostrar a nadie lo que sabes y lo valioso que eres, simplemente lo sabes y no tienes que buscar la aceptación de otros para que refuercen tu identidad. No hay nada mejor que encontrarse a uno mismo, ya que es así cuando experimentas la verdadera libertad.

Tú puedes lograr cualquier cosa, pero no puedes lograrlo siendo la misma persona que has venido siendo. Tu vieja identidad debe desaparecer. Tu «yo pasado» te ha llevado a la vida que has tenido hasta ahora. Cuando te pones manos a la obra en tu desván, cuando puedes sacar todas aquellas creencias que te han estado bloqueando durante tantos años, de alguna forma renaces. Si aún no has logrado lo que deseas de corazón es porque tenías a la mayoría en contra y cuando digo mayoría, no me estoy refiriendo a personas externas a ti, sino a ese 90% que te ha jugado tantos años en contra. Visualízate dentro de unos años con todos los cambios positivos que estás empezando a realizar, obsérvate con todo lo que quieres ya cumplido, mira a los ojos a esa persona que viniste a ser y permítete serlo. Sé ya la persona en la que te estás convirtiendo.

«Lo que hoy somos proviene de nuestros pensamientos de ayer, y nuestros pensamientos de ahora construirán nuestra vida de mañana. La vida es la creación de nuestra mente».

Buda

SINCRONICIDADES

Lo que conocemos como coincidencias o azar, son elementos muy bien estudiados. El psiquiatra y antropólogo Carl Jung junto con el premio Nobel de Física Wolfgang Pauli realizaron una amplia investigación en este campo. Estas personalidades estudiaron lo que se conoce como coincidencias del azar y les llamaron: coincidencias significativas y eventos sincrónicos.

El mismo Wolfgang Pauli observaba continuamente en su vida la presencia de eventos sincrónicos y coincidencias significativas. Y aun siendo un gran físico y de haber obtenido el premio Nobel por el Principio de Exclusión, en el que mantenía que dos electrones no pueden ocupar el mismo estado energético de forma simultánea en un átomo, tenía la fama de frustrar cualquier experimento realizado en su presencia. ¿Casualidad? Cada vez que Pauli entraba en un laboratorio sucedía alguna cosa, se rompían aparatos carísimos, se producían pequeños incendios y una lista más de sucesos similares. Su fama fue tan conocida que en el argot se conocían estos fenómenos como el «efecto Pauli». Este efecto Pauli llevó a muchas mentes científicas a vetar la entrada de Pauli al laboratorio cuando estaban realizando experimentos. ¿Casualidad o causalidad?

Cuando estamos equilibrados, alineados y creamos nuestras propias realidades, somos dueños de nuestras vidas y nos encontramos en una total sincronía con lo que nos rodea. Cuando esto nos sucede estamos en un estado de armonía y la vida se convierte en una mágica experiencia donde todo fluye. No solo empezamos a notar todas las sincronicidades, sino que nosotros mismos somos los creadores de estas.

Muchas veces experimentamos situaciones que nos pueden crear dolor, situaciones que tachamos de negativas. Muchas veces en estos momentos no somos capaces de ver que incluso un hecho que aparentemente sea negativo, tiene un gran porqué. Piensa que cuando empiezas el camino que te lleva a tus sueños muchas veces aparecerán dificultades y precisamente estas dificultades son las que te dan la certeza de que todo está saliendo bien. Son pruebas de fe. Si confías y sigues, puedes saltarlas. En estos momentos es importante mantener la calma y pensar que todo está bien, que es un proceso y que aunque ahora mismo no puedas verlo ni entenderlo, es lo mejor que puede suceder. Al principio es más un acto de fe que una verdadera convicción. Puede que te estés diciendo: «todo está bien» y que al cabo de un rato te preguntes: «¿Pero qué estoy diciendo?».

«Deja que tus sueños maten tus miedos y no al revés».

Observa situaciones pasadas de tu vida. Cuando las puedes mirar con perspectiva ves lo que ellas te aportaron. Siempre hay un aprendizaje y siempre nos llevan por el camino correcto. Muchas veces te das cuenta que aquel desvío que tuviste que hacer en la vida te condujo precisamente en la dirección que querías (aunque en un primer momento no lo vieras así) y también te haces consciente de que si hubieras seguido la ruta que llevabas jamás hubieses llegado. Confía, ya tienes la prueba. Lo has experimentado muchas veces en tu vida. Cuando te diriges hacia tu sueño y algo se tuerce, tiene su razón de ser.

En estos momentos hay algo que puede marcar definitivamente la diferencia y ese algo eres TÚ. Tú eres el observador, tú eres el creador.

«Hay solo dos maneras de vivir la existencia: una es pensar que nada es un milagro... la otra pensar que TODO es un milagro».
A. Einstein

Cuando estás en armonía y en conexión con la fuente, cuando tienes claro quién eres y lo que quieres y vibras en consecuencia, verás aparecer literalmente los milagros en tu vida. La vida coge otro matiz. Si estás atento observarás muchas sincronicidades, muchísimas y por supuesto, no te pasarán desapercibidos los grandes eventos sincrónicos.

Cuando estás conectado, vives tu vida con confianza y sigues tu camino hacia tu meta, ves la magia trabajar en él. Aquel puesto en tu trabajo que tanto deseas y solicitado por tantas personas, te lo ofrecen a ti. Aquel proyecto que no avanzaba, despega. Aquello que años atrás creías imposible, aparece ante tus ojos. Piensa que estás creando continuamente. Cuando estás en una posición de víctima, quejándote y únicamente enfocado en las cosas que salen mal, en lo que te crea malestar, vas a ver aparecer más situaciones similares. Se va de mal en peor, es así. Pero cuando realmente estás en armonía con esta energía creadora, los cambios positivos aún son más evidentes. Ahora ya conoces como funciona todo, conoces las leyes que rigen nuestro universo y cómo usarlas, conoces técnicas y herramientas para trabajar en ti y en tu realidad, solo tienes que practicarlas. Si tienes claro el punto al que te diriges, si tienes claro el qué y no abandonas en el camino, llegará.

Ya te expliqué que cuando mi alma me repetía y repetía que había llegado el momento de escribir, no era para nada el mejor momento para mí. Trabajaba muchas horas, hacía poco que me había separado y vivía con mis dos hijas, la pequeña solo tenía meses. Yo vivía entregada a mi familia y a mi trabajo cuando empecé a sentir que tenía que escribir. Ya puedes imaginarte que mi mente me daba mil razones para aplazarlo. «Espera un poco a que todo sea más estable», «No tienes tiempo ahora y tampoco es urgente», «Espera a que las niñas sean un poco más mayores», «Espera, espera,

espera…». Recuerdo la cara de mi madre cuando le dije que estaba escribiendo un libro… seguramente su mente le dio los mismos argumentos que la mía me daba a mí. Pero para mi sorpresa, al día siguiente me dijo: «Adelante, yo voy a ayudarte en todo lo que pueda».

Y aquí empieza la magia… una vez tomé la decisión de que lo iba a hacer y que no me demoraría en el proceso, toda mi realidad empezó a moverse para que así fuera. Yo solo conocía el QUÉ, no tenía ni idea del CÓMO. Pero empecé, con una confianza total de que si sentía esa llamada tan clara era porque todo iría bien. Estaba tan conectada con mi propósito y tan dedicada a mi libro que un día de «casualidad» me topé con el que ahora es mi mentor. Soy «adicta» a la lectura, leo muchos libros de crecimiento personal, de metafísica y de todo lo que me pueda ayudar en el momento en el que me encuentro. Me topé con un libro que me llamó mucho la atención y lo compré. Normalmente no suelo mirar vídeos en internet pero algo me decía que mirara quien era ese coach del que aún no había oído hablar. Recuerdo que miré un vídeo en el que explicaba su experiencia y en el segundo vídeo estaba explicando que había creado una mentoría para personas que escribieran y quisieran autoeditar el libro como él lo hizo. ¡Ahí estaba mi hombre! ¡La persona que necesitaba en ese momento, ofreciéndome el CÓMO!

Cuando tienes claro el destino y no te desvías, las sincronicidades aparecen. Son las muestras de que el universo está moviendo los hilos para que tú puedas llegar al lugar donde te diriges. Confía y no pierdas de vista tu objetivo, aunque no veas que se esconde detrás del camino, da tu primer paso con fe. Aunque no sepas cómo, mueve ficha. Es como saltar por un precipicio sin ver qué es lo que hay al final; cuando saltas con fe, algo te va a sostener. Aparca ya tus miedos y ve detrás de tus sueños. Ve a por aquello que has recreado tantas veces en tu cabeza, porque es posible para ti. Tu mente te va a dar mil argumentos pero si lo sientes, déjala que hable. Cuando tú te comprometas y empieces, cuando le puedas dar referencias, ella te apoyará. Créelo posible para ti, porque lo es.

LAS PROFECÍAS AUTOCUMPLIDAS

Cada vez que piensas en algo es como si programaras un evento futuro. Hace un tiempo conocí a una chica muy aprensiva. Estaba constantemente encima de su hija advirtiéndola de cualquier peligro, estuviera donde estuviera. Cuando salían de casa y soplaba una suave brisa, entraba a por chaqueta y bufanda para que no se resfriara, con lo que veías a la niña con la cara roja del calor que pasaba. Estaba tan dominada por el miedo que repetía cosas cómo: «Ya verás como llegará el día de su cumpleaños y Clara estará enferma, pobre y no podremos celebrarlo», «Ya verás que tendremos mala suerte y cuando empiece el parvulario coincidirá con aquél niño tan mal educado», etc.

Ya sabes lo que sucedió ¿verdad? Llegó el día de su aniversario y la niña se puso mala y cuando empezó la escuela... en fin. Estoy segura que te ha sucedido alguna situación parecida y te has dicho: «¡Ves, ya lo sabía!". Aparte de diversas causas que lo han generado, con toda probabilidad pasó lo que pasó porque tú ya lo sabías. De alguna forma has sido tú quien ha favorecido el suceso y quien lo ha programado. El poderoso poder de nuestra mente:

«Hoy voy a una entrevista de trabajo y estreno un vestido nuevo, estoy desayunando, tengo prisa porque no quiero llegar tarde y pienso: ya verás cómo me mancho y... ley de la gravedad... una mancha de café en el vestido».

«Hace un mes estrené coche, nunca me había pasado nada con el viejo. Ya verás cómo con este... abolladura en la puerta». ¿Que es lo que está sucediendo aquí? Al menos influyen dos factores:

a) **El poder de nuestra mente.** El pensamiento de darle un golpe al coche nuevo ha generado temor. Este miedo provoca que conduzca de manera diferente a como lo hace habitualmente, no conduce de una forma natural en él y el resultado es que ha dado un golpe en el lateral.

b) **El poder de la fuente.** Aparte del cambio en la manera de conducir, el miedo generado ha creado un cambio electromagnético. Los pensamientos emociones han influido en la realidad circundante colocando en su camino a la persona que lo ha golpeado con el coche.

Vigila lo que piensas y lo que decretas. No continúes como siempre, si ya vas a por todas, a por lo que quieres lograr, no permitas que malos pensamientos y malos decretos te traben. Decreta en forma positiva, decreta con frases de poder. Crea nuevas frases que te acerquen a lo que quieres lograr. Afirma, confía y te llegará.

Una vez tienes claridad y sabes hacia donde vas, fluye sin dejar que cualquier situación te cree malestar. Sabemos que no obtenemos nada sin acción. De nada sirve quedarse en casa con los ojos cerrados visualizando si después no pasas a la acción. Empieza a hacer algo, muévete. Una vez empieces todo irá viniendo, pero tienes que mover ficha. La acción es la base de todo, pero la acción puede ser espontánea y natural o puede conllevar un esfuerzo.

Fuerza o esfuerzo

Había dos albañiles trabajando duramente, empapados en sudor en la misma obra. Alguien que pasaba por allí le preguntó a uno de ellos:

—¿Qué estás haciendo? A lo que el albañil le respondió:

—¿No lo ves?, estoy levantando un muro de ladrillos. Es un trabajo duro y con este calor aún tenemos para rato.

El hombre siguió preguntando:

— Perdona, ¿y por qué lo haces?
— ¿Qué puedo hacer si no para dar de comer a mis hijos?
Su mirada y sus respuestas no solo confirmaron que aquel hombre estaba trabajando duro, sino que hacía un sobresfuerzo.
El hombre se dirigió al segundo albañil que hacía el mismo trabajo unos metros más allá. También estaba acalorado, pero a diferencia del primero, tenía un rostro más sereno y relajado:
— ¿Qué haces?— le interrogó igual que al otro.
— Ah, algo maravilloso, estoy construyendo una verdadera obra de arte. Esta será la casa de Dios.
— ¿Y por qué lo haces?.
— Porque me gustará poder contárselo a mis hijos. Cuando acabe me sentiré orgulloso de haber formado parte de las personas que habrán realizado esta obra maestra.

En el primer caso hay un sobresfuerzo mientras que el segundo está simplemente usando su fuerza. Los dos están haciendo lo mismo, pero la percepción en cada caso es diferente. ¿Podría el segundo albañil construir la iglesia sin trabajar levantando el muro? No. Tampoco tú si únicamente te quedas en la parte de visualizar y sentir. Tienes el plan pero tienes que ponerlo en práctica, tienes el qué, ahora ve en busca del cómo. Necesitas tomar acción, necesitas salir allí fuera y poner fuerza en lo que deseas. Estate atento a tu intuición, a tus corazonadas. Sé un buen observador y actúa. Cuando empieces a caminar todo va a ir apareciendo en tu camino.

Resumiendo: ¿Qué hemos visto hasta ahora?

Como con todos los libros, hay un gran trabajo interno a realizar... Has creado tu escala de valores y la has adaptado a los requisitos que necesitas en este momento. Has puesto los valores y los has ordenado conforme a la persona que necesitas ser para llegar donde te has propuesto llegar, para llegar a ser precisamente esa persona. Has identificado las emociones que evitas a toda costa, que son las causantes de que experimentes dolor y has observado los posibles conflictos de valores que tenías. Reorganizando toda esta información, has trabajado en unos pilares vitales para poder crear en ellos todo lo demás.

Has clarificado tu objetivo y has trabajado el merecimiento, alejando a esos temibles guardianes que no dejaban penetrar cosas maravillosas en tu vida. Has aprendido a usar la visualización creativa, has creado tu imagen mental en presente y primera persona que te ayuda a conectar con la vibración de eso que estás esperando. Hemos visto como hacer un panel de visión y como usarlo para lograr tu propósito, ayudándote este también a crear la vibración adecuada a tu sueño. Hemos vuelto a hablar de la importancia de los minutos previos al sueño y de conceptos que puedes repetirte antes de quedar dormido. Y ahora, ya llegamos a la última parte del libro... a lo que yo llamo Técnica de Creación Deliberada (TCD).

TÉCNICA DE CREACIÓN DELIBERADA

Esta técnica consta de varios pasos, lo primero que debemos hacer es transformar aquello que deseamos en lo que somos.

Me explico:

Imagínate que tu objetivo es volver a estar en forma. «Quiero ser la persona vital y en forma que siempre he soñado ser». Vamos a transferir este objetivo a nuestra identidad. Vamos a usar el «Yo soy» o «Yo estoy», en lugar del «Yo seré» o «Yo estaré». Quedaría así: «Yo estoy en forma», «Yo soy una persona vital y enérgica». De esta forma ya estás afirmando ser la persona que tiene lo que quieres tener. Estás trabajando directamente sobre tu identidad, tú eres lo que afirmas ser. Aparte de vincular tu identidad, estás afirmando en presente, siendo ya lo que quieres ser.

Cuando vinculamos lo que queremos a nuestra identidad, nuestra mente nos guiará, nos sugerirá todas las acciones necesarias para que lleguemos a nuestro objetivo lo antes posible. Tienes que fijarte en el final, en el objetivo final, no en las etapas intermedias. En el Qué, recuerda. Con esta técnica no hace falta que detalles tanto. No hace falta que expliques qué significa estar en forma, tú ya tienes un modelo mental de lo que significa estar en forma. Si relacionas al estar en forma una buena apariencia física, una buena salud, una buena resistencia a los esfuerzos, etc, entonces este es para ti el concepto de estar en forma.

Vamos con el tema económico. Imagínate que tu propósito es el de ganar el doble de lo que ganas actualmente, o ganar mínimo 6000 euros al mes. Podrías usar una expresión que ya relacionamos con un aumento importante de nuestros ingresos. Podrías usar: «Yo tengo libertad financiera» o «Yo soy libre financieramente».

En el tema de las relaciones puedes decir: «Quiero un hombre maravilloso a mi lado» o utilizando la identidad podrías pensar: «Yo soy una mujer realizada en la pareja» o «Yo soy un hombre realizado en la pareja».

Vamos a introducir un concepto más: Tú nombre. «Yo soy Gemma Comas y soy una escritora de éxito»; «Yo soy Gemma Comas y soy una mujer realizada en pareja».

«Yo soy Gemma Comas y soy libre financieramente». «Yo soy Gemma Comas y estoy en perfecta forma».

Al utilizar el «Yo soy» ya te estás refiriendo a ti pero cuando añadimos nombre y apellidos, agregamos el componente de cómo tú te ves desde el exterior. Al poner el nombre creamos una neuroasociación entre la identidad que ya te pertenece y la que quieres asumir. Haz la prueba, di en voz alta: «Yo soy nombre y apellidos y estoy en perfecta forma física» o «Yo estoy en perfecta forma física». En el primer caso, cuando usamos nuestro nombre y apellidos tiene una mayor fuerza y aquí radica la importancia de usarlos.

Ahora bien ¿qué pasa si lo que deseas no puede transformarse en identidad? Si quieres una casa, un coche, irte a otro país de vacaciones... No podemos transferirlas a una identidad pero sí son cosas que puedes relacionar con ciertas identidades que tenemos en mente. Imagínate a alguien que quiere tener un casa por ejemplo en Mallorca. Podemos poner: «Yo soy nombre y apellidos, soy financieramente libre y tengo una casa en Mallorca».

Vamos a ver otros ejemplos:

«Yo soy nombre y apellidos, soy una persona sana y vivo en la casa perfecta para mí».

«Yo soy nombre y apellidos, soy financieramente libre y viajo por todo el mundo».

«Yo soy nombre y apellidos, soy un gran terapeuta y gano al menos 6000 euros al mes».

«Yo soy nombre y apellidos, soy una persona segura de mí misma y trabajo en lo que amo».

«Yo soy nombre y apellidos, soy una mujer realizada en la pareja y vivo en la casa de mis sueños».

«Yo soy nombre y apellidos, soy una escritora de éxito y trabajo en lo que amo».

«Yo soy nombre y apellidos, soy valioso y puedo permitirme todo aquello que deseo»

«Yo soy nombre y apellidos, soy una persona segura de mí misma y facturo al menos x euros al día».

«Yo soy nombre y apellidos, soy una persona sana y mi espalda está perfecta».

Ya hemos realizado el primer paso. Hemos transformado tu deseo en tu identidad, recuerda que no atraes lo que quieres si no lo que eres. Hemos creado frases cortas. Esta frase pasará a ser tu mantra de creación deliberada. Un mantra es una forma de pensamiento que actúa. Recuerda cuando te explicaba que los budistas utilizan sus malas para recitar sus mantras. Los mantras son poderosos y se utilizan en muchas culturas.

Ahora crea tu propio mantra:

....

....

....

Trabajando la incoherencia

Ahora ya has creado tu mantra, habiendo transformado tu deseo en identidad y dándole más intensidad al utilizar tu nombre. Vamos un paso más allá... muchas veces he mencionado el «sentimiento de incoherencia», sobre todo al inicio, cuando hablaba de las frases de poder. Muchas veces cuando nos decimos algo, cuando hacemos una afirmación y no lo creemos, aparece el sentimiento de incoherencia.

Cuando hablábamos de visualización, te contaba que tu deseo debe ser 100% deseable, debe ser de 10 en una escala del 1 al 10, pero a la hora de la dificultad, no puede estar muy alejado de ti para que tu mente pueda llegar a creerlo posible. Sabemos que estamos programados, que aún poseemos sistemas de creencias que nos bloquean y ellos muchas veces son los responsables de hacernos experimentar el sentimiento de incoherencia. Si una persona desea tener una relación de pareja maravillosa y su mantra es: «Yo soy nombre y apellidos, soy una mujer valiosa y estoy casada con el hombre perfecto para mí». Si esa persona no ha trabajado el merecimiento o si tiene una autoestima baja, difícilmente va a creer que esto es posible para ella. Aparte de trabajar en las bases (ya sabes cómo hacerlo), trabajaremos directamente sobre la sensación y sentimiento de incoherencia que pueda aparecer cuando verbalices tu mantra.

Vamos a hacerlo. Empezamos con el mantra corto.

Por ejemplo: «Yo soy nombre y apellidos y soy una mujer con éxito».

Escribe el tuyo:

....

....

¿Lo tienes? Perfecto. Ahora pronúncialo en voz alta. Verás que experimentas un sentimiento de incoherencia, simplemente porque estás afirmando algo que aún no es real. Nuestra mente nos está diciendo: «Eh, que esto no es cierto». Sientes que estás afirmando una cosa que aún no existe en tu realidad. Nuestro cerebro tiende a ser coherente con nuestra identidad, si toda la información que le llega del exterior es diferente de lo que estás declarando, nuestra mente nos va a decir que esto no es así. Ahora imagínate que quieres ser libre financieramente o sentirte satisfecho con tu nivel económico y siempre has tenido problemas en este área, siempre has tenido que hacer malabarismos para poder llegar a fin de mes. En este caso, el sentimiento de incoherencia será muy marcado por todas las referencias externas y por la identidad que has creado en relación con el dinero. Imagina que tienes que vigilar muy bien donde va tu dinero y te estás diciendo que eres libre financieramente y que puedes permitirte lo que quieras; el sentimiento que experimentarás será muy marcado.

Tanto el sentimiento de coherencia como el de incoherencia, no son más que una respuesta de nuestro cerebro a esta información que le está llegando. Es la reacción a esta información pero nada tiene que ver en si vas a poder convertirte en esa persona o no. Eso es solo una reacción de nuestra mente.

Imagínate una persona que durante toda su vida ha tenido problemas de sobrepeso, ya desde pequeña ha creado esta identidad. Cuando afirme que está sana y en forma y pueda relacionar a esta afirmación el hecho de tener un peso adecuado a su estatura y experimente el sentimiento de incoherencia, su cerebro no le está diciendo que esto no es posible para ella, si no que en este momento lo que decreta no es cierto. Al afirmar en presente y ligarlo a nuestro nombre, el cerebro nos dice que no es verdad, pero no nos está diciendo que no sea posible. Nuestras identidades son aprendidas. Una persona que ha tenido siempre este problema tiene una identidad muy bien aprendida. Cuando empieces a repetirte que tú (esa persona que siempre ha tenido ese problema con el peso) va a estar en plena forma, él va a decir: «ya, pero esto no es así». Contéstale: «Aún no se cómo, pero lo lograré». Recuerda que una de las características de nuestro cerebro es la neuroplasticidad. Gracias a esta capacidad podemos cambiar viejos conceptos e introducir otros nuevos. Y ¿cómo lo haremos? Repetición y emoción.

Aparte de crear esta nueva identidad para nosotros, lo importante es poder trabajar sobre el sentimiento de incoherencia cuando este aparece, ya que aparte de la repetición es vital que la emoción que experimentemos esté relacionada al logro y a la gratitud por este logro, en lugar de tener un sentimiento ligado a la incoherencia.

Volvamos a nuestro mantra... Cuando repitas el mantra, si la situación te lo permite, hazlo en voz alta y delante de un espejo. Vamos a detectar en qué lugar de tu cuerpo experimentas el sentimiento de incoherencia. Repite tu mantra, obsérvate y siente en tu cuerpo qué es lo que está sucediendo. ¿En qué lugar lo sientes? ¿Dónde notas la sensación de incoherencia? Seguro que lo experimentas, ya que es una alarma que se dispara cuando afirmas cualquier cosa que aún no está presente. Si no lo sintieras sería porque lo que estás afirmando ya está en tu vida, porque ya eres esa persona que afirmas ser. Haz la prueba y afirma algo que ya es real. Habrá diferentes intensidades dependiendo de lo alejado que estés de tu objetivo. Recuerda que te dije que tiene que ser creíble. Por ejemplo, una persona que siempre ha tenido sobrepeso, sabe que si empieza a comer bien y hace ejercicio, llegará a su peso. Una persona que está trabajando y desea subir posiciones dentro de una empresa, sabe que puede costar más o menos pero que puede lograrlo.

«Cuanto más fácil te resulte pensar en algo, más cerca estará esa realidad de ti»

Federich E. Dodson

La sensación ligada a este sentimiento de incoherencia muchas veces se manifiesta en el plexo, en el pecho o en el cuello. Notas como una presión en algunas de estas partes de tu cuerpo. Todos somos diferentes y por lo tanto tendremos diferentes formas de percibirlo. Céntrate en el lugar donde aparece. Puedes hacer la prueba: decreta alguna cosa real de tu realidad actual. Estás afirmando una verdad, en este caso pueden aparecer otras sensaciones pero no la de incoherencia. Puede ser que aparezca un poco de dolor o tristeza si has declarado alguna cosa que crea malestar.

Busca entonces este lugar en tu cuerpo. Habrá personas que más que tener una sensación de presión van a sentir la vocecita de su mente diciéndoles que no es cierto. Repite tu declaración hasta tenerlo bien ubicado. ¿Lo tienes? Ahora vamos a darle un valor de intensidad, siendo un 10 una sensación de incoherencia muy marcada y un 0 cuando esta ya ha desaparecido.

Vamos a trabajar ahora directamente sobre esa sensación que experimentas en tu cuerpo. Pongamos que tiene un valor de 6. Para poder reducir este valor vamos a trabajar con la visualización. Cierra los ojos y siente este lugar o área donde se encuentra. Inhala profundamente por la nariz. Mientras inhalas imaginas que una luz blanca entra en ti y se dirige a este lugar donde se encuentra la sensación de incoherencia. Esta luz blanca envuelve esta presión que experimentas. Cuando exhalas sale por tu boca esta luz que has inhalado llevándose con ella parte del peso. Vuelves a inhalar, otra vez la luz blanca entra en ti y envuelve el peso. Ve respirando y notando como cada vez que exhalas el peso que sientes se va haciendo más y más pequeño. No es necesario que llegues a no sentir nada de peso pero sí que con los días y la práctica, este vaya disminuyendo. Vuelve a repetir tu mantra para ver como está ese valor de intensidad. Sigue inhalando luz y sacando presión. Irás sintiendo como el nivel va bajando.

La primera vez que lo hagas tendrás que destinar más tiempo a respirar y visualizar, pero a medida que vayas haciéndolo este tiempo menguará. Puede ser que las primeras veces tengas que estar cinco minutos inhalando y exhalando pero cuando lleves unos días, con menos de un minuto tendrás suficiente.

Haz la prueba. Decreta, pronuncia tu mantra de poder, siente la sensación corporal y trabaja en ella. Inhala, exhala, saca fuera de ti ese sentimiento. Cuando el nivel de intensidad haya bajado, vuelve a repetir tu declaración. Para empezar hazlo unas cinco veces al día, siempre trabajando sobre la incoherencia porque ya sabes que aparte de programarnos a nivel de lenguaje y repetición, lo importante aquí es lo que estamos sintiendo. Lo que sintamos será la señal que mandaremos para atraer lo que estamos decretando. Primero trabaja sobre la incoherencia y una vez esta esté a un bajo nivel podremos sobrescribir en ella la emoción que nos acercará a nuestro deseo. Una vez esta haya disminuido, podrás tener el sentimiento de veracidad.

Como todo, lo importante es: repetir, repetir, repetir. Nuestro cerebro aprende a base de repeticiones, tu identidad ha sido creada a base de millones de repeticiones. Repeticiones externas que vinieron de las personas que te rodeaban, repeticiones ligadas a situaciones concretas y las repeticiones internas, las que tú mismo has creado repitiéndote una y otra vez lo que eres, a nivel consciente o inconsciente.

Si siempre has tenido problemas por llegar a fin de mes, si siempre has trabajado para subsistir, para llegar justo a pagar todos tus gastos, se ha reforzado esta identidad en ti. Imagínate una persona rica, con una mentalidad acorde a su identidad. Imagina que por alguna causa, se endeuda y se arruina. Esta persona no va a recrearse en el «Soy pobre», gracias a la mentalidad que posee, se recuperará rápidamente. Cuando te juzgas a ti mismo y te repites una y otra vez «Es imposible estar tranquilo, siempre tengo problemas para llegar a fin de mes», te estás condicionando intensamente.

Bien, vamos a la parte práctica ¿Cuántas veces tienes que repetirlo? Comienza con unas cinco veces diarias, trabajando en el sentimiento de incoherencia, hasta que puedas tener un sentido de coherencia o que lo que declaras te resulte indiferente. Lo ideal sería que buscaras al menos tres momentos durante el día en los que dispongas de tiempo y puedas estar tranquilo. Puedes hacerlo por la mañana, por la noche y al mediodía. Mañana y noche puedes estar en casa y hacerlo adecuadamente. Si puedes hacer 10 minutos por la mañana, 10 al mediodía y 10 por la noche será fantástico. Piensa que es crear un hábito. Cuando llevas unos días lo haces de forma automática. Durante el resto del día puedes aprovechar y decretar cuando estás paseando o conduciendo. Eso sí, lo repites murmurando, moviendo los labios casi imperceptiblemente y si no puedes hacerlo así, lo haces mentalmente. Si viene a tu cabeza y en aquel momento no estás en el lugar adecuado, lo puedes hacer a nivel mental. Aprovecha cualquier momento en el día donde puedas dedicarle un espacio. Ya te conté que Tonny Robbins iba a correr a diario por la playa e iba haciendo sus declaraciones en voz alta. Esto hizo que se ganara el apodo del loco de la playa.

Si puedes hacer los 30 minutos diarios, es fantástico y verdaderamente poderoso. Y después, si durante tu día aparece en tu mente puedes aprovechar y repetirlo. Puedes hacerlo mientras te duchas, mientras lavas los platos, mientras estás cocinando, mientras conduces, mientras nadas, mientras paseas, etc. Puedes hacerlo tantas veces como quieras y cuantas más mejor.

¿Qué ocurrirá después de unos días? ¿Qué cambios puedo percibir?

Lo primero que vas a observar es que cada vez te resulta más fácil hacerlo. Crearás un hábito y empezarás a practicar durante el día de forma casi involuntaria. La sensación de incoherencia será baja o si algún día ha subido de intensidad, te será mucho más fácil trabajar en ella. Empezarás a sentirte diferente, empezarás a sentirte como la persona que decretas ser. Al empezar a sentirte como la persona que deseas ser vas a pensar como pensaría ella y de esta forma cada vez vas a sentir que es más y más real. Te estás dirigiendo hacia lo que quieres lograr.

¿Qué pasará a nivel mental?

Al empezar a sentirte como tu «yo elegido», tu cerebro empezará a sugerirte diferentes formas de actuar, empezarás a comportarte de forma diferente y más acorde a la nueva identidad. Empezarán a suceder cosas. Recuerda la atención selectiva. Tu mente está enfocada en un objetivo concreto y de esta forma tu radar está activado para detectar cosas, personas o circunstancias que te acerquen a tu objetivo.

Aparte de esta gran herramienta, también es posible que ya empieces a ver cambios creados a nivel metafísico. Cuando te has programado en base a tu deseo y a la persona que quieres ser y has trabajado sobre el freno de la incoherencia, tu alma ya puede viajar y darle la información precisa al universo para que este empiece a trabajar en ello.

El universo te sorprenderá con su capacidad de concreción. La primera vez que usé esta técnica quedé totalmente sorprendida de la precisión. Ya sabes que soy terapeuta y tengo mi propia consulta. Soy una persona muy organizada y que aprovecha el tiempo al máximo, me gusta planificar. En mi caso, había días en que trabajaba muchas horas y otros en los que trabajaba menos. Me senté y miré mi agenda y pensé: «Si pudiera escoger ¿que cambiarías? Así que empecé a escribir: «Me gustaría tener un poco más de equilibrio. Trabajar más o menos las mismas horas cada día y así podría organizar mejor el resto de mi jornada». Me pregunté: ¿cuantas visitas me gustaría tener a la semana? Teniendo en cuenta que valoro mucho el tiempo de estar en familia, llegué a un numero de horas que me parecieron idóneas en aquel momento de mi vida. Con todas estas respuestas cree mi primer mantra: «Yo soy Gemma Comas, soy una gran terapeuta y tengo seis visitas al día».

Mi objetivo no estaba alejado de mi realidad pero siempre he tenido necesidad de probar y comprobar. Empecé con el mantra. Comencé a ver que tenía más trabajo, estaba decretando que «Soy una gran terapeuta». Pasados unos días todo empezó a cuadrar. ¡Era increíble! El Domingo cogía la agenda y veía que algún día tenía puestas siete visitas y que otro día tenía tan solo 3. Empezaba el Lunes...y mi teléfono empezaba a sonar. La visita 7 del martes pasaba justo al jueves que tenía 3 visitas, era precisamente el único día que podía venir aquella persona de la semana. Me llamaban dos personas más pidiéndome cita justamente también para el jueves. Justo el viernes tenía 5 visitas...pues a media semana, miraba mi agenda y ¡tenía 6 visitas cada día! ¡Alucinante!, puesto que doy total libertad a las personas para que escojan el día que más les convenga.

Entonces, busca estos tres momentos diarios en los que puedas enfocarte bien en tu objetivo. Dedícales de 5 a 10 minutos cada vez y el resto del día cuando aparezca en tu mente aprovecha de nuevo para repetir tu mantra.

Repasemos:

– Has creado tu mantra, vinculado a tu identidad

– Has empezado ya a trabajar sobre el sentimiento de incoherencia.

Buscas tres espacios en los que darle mucha fuerza y aprovechas momentos diferentes durante el día para repetirlo y aunque el lugar no lo permita, lo haces a nivel mental.

Cuando tu alma ya se ha comunicado con la fuente y esta empieza a mover los hilos, te sorprenderás al ver que en tu vida empiezan a suceder cosas fuera de lo común. Empiezan a aparecer personas y situaciones que te acercan a lo que deseas, ves de forma evidente todos esos eventos sincrónicos, tienes encuentros con personas que no esperabas, te llegan libros o la información justa que precisas en ese momento. Parafraseando a Paulo Coelho: «Cuando deseas algo todo el universo conspira para que puedas realizarlo». Deja que el universo te sorprenda, las cosas llegarán de la forma más inesperada.

Bien, ahora vamos a darle emoción. Cuando ya puedes sentir que tu objetivo es posible para ti, inevitablemente vas a sentir gratitud. Sientes la Gratitud porque estás hablando en presente, tú ya eres esa persona que decretas ser y ya tienes el objetivo que deseas. Al hablar en presente, lo estás viviendo ya. Cuando realmente lo puedes sentir, cuando ya estás allí y ya eres esa persona, experimentas la gratitud.

«Debes saber qué quieres para reemplazar lo que tienes. Cuando sepas lo que es, debes asumir la sensación de que lo tienes, aunque tu razón y tus sentidos negarán su existencia».

Neville Goddard

Cuando lo crees posible, estás acercando esa posibilidad para ti. Todo depende del sentimiento que crees en relación a lo que deseas. Por este motivo insisto tanto, al menos para empezar, de que lo que deseas sea para tu mente algo posible. Todo dependerá siempre de tu fe, de tu confianza y en base a ello del sentimiento que emitas. Hay personas que visualizando han logrado grandes cosas, verdaderas locuras pero todo depende de como tú lo sientas. Todo depende de tu fe y de invertir el orden del: «Ver para creer» por «Creer para ver».

CREER PARA CREAR

Ahora añade el sentimiento de gratitud a tu mantra, dale la fuerza de sentirte como la persona que vas a llegar a ser. Como todo, al principio tendrás que poner más atención a la hora de evocar esas emociones ligadas a tu objetivo ya cumplido, a tu identidad nueva, pero a medida que vayas practicando llegará a salir de forma natural. Saldrá de manera natural porque tú ya habrás integrado esta información, lo vivirás como si ya fuera real. Si haces bien el ejercicio, te sentirás como la persona que deseas ser y te sentirás agradecido por serlo. Cuando empiezas a sentirte agusto con tu imagen, con tu sueño y te sientes agradecido, el sentimiento de falsedad desaparece. Poco a poco vas a empezar a sentirte aquello que has decidido ser.

Cuando ya puedes imprimir de manera intensa la emoción a tu objetivo, los milagros aparecen. Sigue atento al entorno, a las cosas que suceden a tu alrededor, a las sincronicidades. Si te apetece escribe en un papel todas estas situaciones que han aparecido de la forma más inesperada y que te acercan a lo que deseas. Si eres consciente de ellas, serán nuevas referencias para hacerte creer aún más en todo el proceso que estás viviendo. Muévete, sal de tu zona de confort y deja que la vida te sorprenda. Pero debo advertirte de que algunas veces estas situaciones que te acercan a tu sueño vienen disfrazadas de aparentes fracasos.

Cuando en la vida podemos tomar perspectiva y mirar hacia atrás, entendemos y vemos la suerte que tuvimos de vivir aparentes fracasos, porque precisamente estos nos han llevado al punto donde deseábamos estar. Imagina a una persona que crea su mantra con la intención de ascender de posición dentro de la empresa donde trabaja. Lo hace todo fantásticamente bien. Ha creado su mantra, ha creado una rutina, elimina el sentimiento de incoherencia y experimenta intensamente la gratitud y todas las otras emociones relacionadas al logro de su objetivo. Lleva un tiempo haciéndolo y resulta que en lugar de subir posiciones dentro de la empresa, lo despiden. Esta si es una verdadera prueba de fe. La mayoría de personas se vendrían abajo, empezarían a criticar lo que han hecho: « Esto no sirve para nada», «A mí no me funciona», «Lo debo haber hecho mal», «Estoy peor que al inicio», etc. Pero cuando puedes mantenerte allí y creer que detrás de este desafío está tu sueño, llegará. Confía.

En lugar de quedarse en casa empieza a moverse, entrega el currículum en varias empresas y un día mientras camina por la calle se encuentra con un viejo amigo al que hacía muchos años que no veía. Resulta que van a tomar un café y le cuenta que está buscando trabajo porque lo han despedido. El amigo que hacía tanto que no veía le trae lo que esperaba. En la empresa donde trabaja están buscando a una persona precisamente con su perfil, para un trabajo de más responsabilidades y mucho mejor remumerado. No te desesperes, a veces estás cosas suceden. Muchos de los grandes logros están precedidos de grandes desafíos. Tienes la prueba en tu vida o en la vida de personas que te rodean. Cuántas veces hemos oído decir: «Suerte que me pasó... porque si no no estaría donde estoy ahora».

Yo empecé a leer crecimiento personal muy jovencita «gracias» a una dura época que pasé. Es por este motivo que te recomiendo que te mantengas abierto y confíes. A veces la vida nos tiene que cortar de raíz el ancla de nuestra zona cómoda. ¿Recuerdas la historia del halcón que no se atrevía a volar? Después de pasar a verlo los mejores adiestradores para que el ave volara y no lograrlo, lo consiguió la persona que se dio cuenta de que hasta que no le cortaran la rama no volaría. A veces la vida actúa como este entrenador. De la noche a la mañana te corta la rama, te corta aquello a lo que te agarras, aquello que te da seguridad y es de esa forma cuando adquieres las capacidad de volar, de salir de tu zona de confort y ver qué hay para ti allá fuera. Espera lo inesperado, recuerda que el universo sabe cómo tiene que proceder. Tu único objetivo debe ser el Qué, del Cómo se encarga él.

Una vez estés utilizando la técnica, no te angusties. Recuerda que cuando detrás está el sentimiento de desesperación no va a funcionar. Cuando estás esperando algo con desesperación, envías esta señal. Estás mandando informaciones de que no confías plenamente en el proceso y de necesidad. Recuerda que el gran secreto es el poder desapegarse del resultado. Cuando puedes ser feliz en el proceso sin estar este sentimiento condicionado al hecho de que vaya o no a llegar tu sueño, estarás vibrando de la forma adecuada. Confía y deja que la vida te sorprenda. No crees un exceso de potenciales con el miedo y la desconfianza, estate tranquilo y confiado y sobre todo muévete. No te olvides de la acción. Ya has anclado tu deseo, vibras en su frecuencia y has creado el molde para poder verlo en tu realidad, ahora falta la acción. La acción es la chispa que lo inicia todo.

Escríbe la dirección que debes tomar, en tu mundo material, para acercarte a tu objetivo. Es importante aprender a planificarse. ¿Qué es lo que debo hacer para acercarme a lo qué deseo? Recuerdo que cuando llegué del primer evento con mi mentor, me senté, cogí bolígrafo y papel y empecé a planificarme. ¿Qué era lo que quería lograr? ¿Qué tenía que hacer para llegar a ese punto? Ya estaba muy bien organizada pero aún podía mejorar mi planificación. En aquellos momentos mi hija pequeña tenía un año y tanto ella como yo necesitábamos pasar todo el tiempo posible juntas. Me senté; por un lado tenía que generar más ingresos para poder llevar mi propósito a término y también tenía que encontrar tiempo para dedicarlo a este fin. Tenía que planificar las 24 horas del día para que todas fueran aprovechadas. Escribí qué podía hacer para aumentar mis ingresos y aquella misma tarde me puse en ello. Escribí todas las horas del día que me quedaban después de restarle las horas de trabajo y de sueño. A partir de ahí, siguiendo mi nueva escala de valores que antes había vuelto a escribir, me organicé. La disciplina y la impecabilidad son para mí dos valiosas virtudes. Muchas personas disponen de tanto tiempo que al final no hacen nada. «Ya lo haré, ya lo haré» no conducen a nada, siempre se quedan en un posible futuro. De las horas que tenía disponibles empecé a destinarlas: a escribir, a estar con mis hijas, a leer y formarme, a hacer las visualizaciones y uso de la TCD, etc. Ya conoces la frase: «El precio de la disciplina siempre es menor que el dolor del arrepentimiento».

Cuando de verdad quieres lograr algo y has valorado este sueño en un 10, la disciplina será un placer. Aquí está la diferencia entre las personas que logran grandes cosas y las que no. Muchas personas no están dispuestas a «sacrificar» cosas o actividades para llegar a su sueño. La carrera hacia el éxito es una maratón pero se inicia con un sprint. Para arrancar un proyecto o un gran cambio, se requiere de energía y dedicación. Trabaja en el mundo metafísico pero no te olvides del mundo en el que vives. Organizarse y saber qué es lo que debes hacer es vital. Aunque después la ruta se desvíe un poco, empieza.

Piensa que partes de un punto en el que llevas tiempo con unos pensamientos, emociones, hábitos y reacciones concretos. Cuando tienes los conocimientos y herramientas para trabajar de forma consciente y deliberada sobre el mundo metafísico, literalmente le estás dando un manotazo a esa dirección marcada para que nazca la dirección que deseas. Cuando tienes claro lo que quieres y trabajas a conciencia en ello, estás cambiando la trayectoria, estás borrando esas posibles variables para ti y creando otras. Por tanto, no es de extrañar que todo tenga que reubicarse y es en esta reorganización donde pueden aparecer situaciones que puedes vivir como contratiempos u obstáculos. Mantente firme en lo que quieres, todo depende de ti. Cuando aparezca una situación de este tipo piensa que todo está bien y que es la forma más directa para hacerte llegar a tu destino, mantén la confianza en que todo sigue el proceso adecuado.

No te preguntes si será fácil o difícil, pregúntate si es posible. El único freno que puede aparecer es tu mente. Einstein decía: «Los grandes espíritus encontrarán siempre la oposición de las mentes mediocres, incluidas las suyas». La única que puede jugarte malas pasada es ella, pero si está de tu lado serás imparable.

Nuestro miedo más profundo no es a no ser capaces, lo que más nos asusta es el hecho de saber lo poderosos que somos. Atrévete a brillar, permite a esa gran luz que llevas dentro salir. No te hagas pequeño, crece y crece y desde allí podrás ayudar a otras personas a hacer lo mismo.

Esto requiere valor, por este motivo utilizo el término «guerrero», no como personas que luchan si no como personas valerosas que van detrás de sus sueños y no se detienen por nada hasta lograrlos. Ve a por tu mejor versión, por ti y por todas las personas a las que amas. Recuerda que el poder llegar a tu sueño está a solo un pensamiento, a una decisión y estoy totalmente convencida de que lo vas a lograr.

¿Y AHORA QUÉ?

Siempre remarco que con leer únicamente un libro como el que tienes en tus manos, puede producir cambios en ti, pero el poder de este libro se esconde detrás de su estudio y de la aplicación de la gran cantidad de información que ahora ya conoces.

Si eres como yo, impaciente por naturaleza, seguramente has ido leyendo con ganas de conocer todo el contenido, pero este libro más que otros necesitan de tu atención. Todos mis libros son para trabajar a nivel interno y de forma activa. No seas únicamente un lector, se un hacedor. Te animo a que te empoderes y tomes todas las acciones necesarias para ser inmensamente feliz. Crea tu mantra de poder y el hábito de trabajar en él. Organiza y planifica tu vida, viendo qué acciones debes empezar para mover ficha en tu vida.

Es recomendable que vuelvas a leer el libro y que empieces a utilizar todas estas increíbles técnicas ya que simplemente habrá un antes y un después. Es siempre en las segundas lecturas cuando puedes percibir informaciones que en la primera pasaron por alto y más si no estás familiarizado con los temas que trato.

Permite a tus sueños matar tus miedos, permite a tu corazón acallar tu mente y dirígete hacia lo que deseas. Te reto a que seas inmensamente feliz y logres todo lo que deseas.

¿Quieres ayudarme en mi sueño?

Dicen que no hay acción más egoísta que tener un conocimiento y no compartirlo con las demás personas. Ya sabes que hay una ley de causa y efecto y de esta se deriva otra que es la de dar y recibir.

Lo que más me impulsó a escribir mis libros fue el gran deseo de ayudar a las personas, el compartir mis conocimientos y experiencias para ayudar a otros a vivir una vida más feliz. Todos los conocimientos que están en el libro revolucionaron mi vida por completo y por supuesto también la de mis familiares y amigos más cercanos. Como el guerrero impecable que anda tras su sueño, mi sueño es mejorar la vida a cuantas más personas mejor, mi sueño es poder hacer llegar mi voz a miles de personas y por este motivo encontré el vehículo para hacerlo realidad.

Tengo el sueño de traer luz a todas aquellas personas que están cruzando una época oscura, de acompañar y ayudar a todas aquellas personas que están sufriendo y que se sienten perdidas. ¿Me ayudas a cumplir mi sueño? ¿Te ha gustado «La magia que duerme en ti»? ¿Crees que igual que a ti y a mí, puede ayudar a más personas? Cuando algo nos beneficia, tenemos que compartirlo con los demás. Lo que damos vuelve multiplicado a nosotros. Ayúdame a crear un mundo mejor, un mundo de personas felices y responsables, hacedoras e impecables. Un mundo en que los sueños maten los miedos y no al revés.

Ya sabes que el contribuir nos brida felicidad. ¿Me ayudas a hacer llegar todos estos principios a más y más personas? ¿Me ayudas a que cada día más personas en el mundo puedan despertar la magia que duerme en ellos y empiecen a crear su vida de forma deliberada? ¿Me ayudas poniendo tu granito de arena en dejar un mundo mejor?

Se dice que si quieres ayudar a un amigo, mejor que darle un pez, enséñale a pescar. Ayuda a esas personas que te rodean a despertar y a poder poner de nuevo rumbo a sus vidas. Si te ha ayudado a ti, regala uno de los libros a alguién que lo necesite.

Joe Vitale, del que ya te hablado en el libro, empezó su gran cambio gracias a un libro que alguien le regaló cuando vivía en las calles. ¿Te imaginas cómo puede ayudar un libro a las personas que simplemente se han perdido en la vida?

Si regalas uno de mis libros, aparte de ayudar a la persona que lo reciba, vas a ayudarme a ayudar a más personas. Dono el 10% de los beneficios a diferentes instituciones con el afán de mejorar sus vidas. Dono una parte económica y una parte en libros, por lo que te decía de enseñar a pescar a un amigo, en lugar de darle el pez. Al final de nuestras vidas seremos recordados no por lo que ganamos, si no por lo que dimos. El secreto de la vida es dar y ayudar a otros a prosperar. El secreto de la felicidad es ayudar a mejorar la vida de todas aquellas personas que te rodean.

Escribir mis libros y hacer llegar todos estos principios a las personas me hace inmensamente feliz, te estoy profundamente agradecida. Cada mensaje que recibo de las personas que me cuentan sus cambios y mejoras en sus vidas me llenan de alegría. Si quieres explicarme todas las cosas que han cambiado y que estás experimentando en tu realidad, ¡hazlo por favor y me harás enormemente feliz!

Cuéntame los cambios que has tenido utilizando estas potentes herramientas.

Mándame una foto con tu libro para ayudarme a compartir lo que tanto nos ha ayudado. No seamos egoístas y ayudemos en el despertar de más y más personas. Por ti, por mí y por todos. Sin más, te deseo una vida inmensamente próspera y feliz, repleta de alegría, abundancia y éxitos. Una vida en la que brillas siendo tú mismo y en la que tus sueños matan tus miedos.

¡Hasta pronto!

Un gran abrazo,
Gemma

Escríbeme a:
gemmacomasmoner@gmail.com

Sigámonos en las redes sociales

Seguramente has oído más de una vez que cuando el alumno está preparado llega el maestro... y eso exactamente es lo que me sucedió.

Cuando llevaba un tiempo escribiendo mi primer libro, por CAUSALIDAD apareció delante de mi un libro de Laín. Yo había empezado la senda que me llevaba a mi sueño pero aún había una parte por resolver y ¡ahí estaba él!

Me encontré con un ser maravilloso, con un gran propósito en la vida y dueño de una energía arrolladora. No dudé ni un segundo en inscribirme al evento "Vuélvete imparable", dónde se reúnen cientos de personas y tampoco dudé en apuntarme a su mentoría "Tu primer best seller" para poder llevar mi voz al mundo.

Gracias a su guía y apoyo, hoy puedes tener mi libro entre tus manos.

Laín es el coach número uno de habla hispana y fue pionero en la autoedición de su primer libro "La voz de tu alma" con el que ha cambiado la vida a miles de personas. Un hombre de gran corazón e implicado, que guía a personas como yo, a poder transitar el camino que él mismo hizo hace ya más de cinco años, cuando recorría librerías con su gran tesoro debajo del brazo. Ese gran tesoro que poco después fue un best seller y está revolucionando medio mundo.

Si aún no lo has leído, "La voz de tu alma" es simplemente un libro imprescindible. Un libro para leer y releer las veces necesarias. Un libro de crecimiento y descubrimiento de uno mismo y del mundo metafísico.

Y ya sabes que no hay mejor inversión, que la que uno hace consigo mismo.

Gracias Laín por este gran regalo y por mejorar la vida a tantas y tantas personas.

Gracias, gracias, gracias de todo corazón.

www.laingarciacalvo.com

Continúa en...

EL PODER
DE LAS PROMESAS
"Detecta las promesas que un día te hiciste
y cámbialas para siempre"
GEMMA COMAS MONER